喻恺 谌思宇 著

阳光下的象牙塔

我国大学信息公开
及其国际比较

EMPIRICAL STUDY ON
CHINESE UNIVERSITY'S INFORMATION
DISCLOSURE AND
INTERNATIONAL COMPARISON

上海交通大学出版社
SHANGHAI JIAO TONG UNIVERSITY PRESS

内容提要

自《高等学校信息公开办法》颁布以来，我国高校在信息公开机制建设、渠道开拓、信息透明度方面有所提高，但是，与英美相比，我国的高校信息公开政策体系仍不够完善，尤其是在顶层设计和配套制度缺失等方面。

本书深入分析了我国高校信息公开的现状及不足之处，并通过与国际高校的横向比较，提出了健全我国高校信息公开的制度框架的建议，包括扩大公开范围，细化公开标准，明确高校信息公开的内容和程序；建立多元化、集成化的信息公开渠道；建立高校信息公开的评估机制；加强对敏感信息公开的监督检查；在公开的基础上增加对信息的解读与分析。

本书适合高等教育管理者以及相关研究者阅读，以帮助有关决策部门在实践中有计划、有重点地安排高校信息公开的下一步工作，为完善政策提供参考。

图书在版编目(CIP)数据

阳光下的象牙塔：我国大学信息公开及其国际比较／
喻恺，谌思宇著. —上海：上海交通大学出版社，2019
ISBN 978 - 7 - 313 - 20516 - 2

Ⅰ.①阳… Ⅱ.①喻… ②谌… Ⅲ.①高等学校—信息公开—对比研究—中国、国外 Ⅳ.①G649.1

中国版本图书馆 CIP 数据核字(2018)第 267740 号

阳光下的象牙塔：我国大学信息公开及其国际比较

著　　者：喻　恺　谌思宇
出版发行：上海交通大学出版社　　　　　地　　址：上海市番禺路 951 号
邮政编码：200030　　　　　　　　　　电　　话：021 - 64071208
印　　制：上海盛通时代印刷有限公司　　经　　销：全国新华书店
开　　本：880 mm×1230 mm　1/32　　印　　张：6.375
字　　数：163 千字
版　　次：2019 年 3 月第 1 版　　　　　印　　次：2019 年 3 月第 1 次印刷
书　　号：ISBN 978 - 7 - 313 - 20516 - 2/G
定　　价：78.00 元

目　　录

第一章 信息公开成为世界性趋势

第一节 公共领域的信息公开

"信息公开"(Freedom of Information)概念最早可追溯到两个多世纪以前,1766 年,瑞典颁布了《出版自由法》,法案的第二章第 1 条规定:"为促进思想交流和信息的可用性,每一位瑞典公民都享有查阅官方文件的自由。"该法案被认为是世界上的第一部信息公开立法。不过,信息公开并没有就此迅速在其他国家推行开来,它真正成为世界性的趋势是在 20 世纪中后期。经济全球化的趋势加速了信息公开的进程①,公开透明成为经济全球化的规则之一,世界贸易组织的 29 项法律中,都针对政府采购条款、技术性贸易壁垒提出了信息公开的要求,相关国家为了加入这些经济组织,需要在本国建立起信息公开制度以满足这些组织的要求。② 通信技术的飞速发展为信息公开提供了便利,信息化社会更加凸显了信息资源的重要作用。20 世纪中后期以来,有关信息公开的法律法规如雨后春笋般涌现,国际组织和各国政府通过颁布人权文件、法律法规推进信息公开的进程,旨在让各国公民自由获取本国政府和国际组织的相关信息(参

① BLANTON T. The openness revolution: the rise of a global movement for freedom of information[J]. Development Dialogue,2002,1(2002):7 - 21.
② 石国亮.国外政府信息公开探索与借鉴[M].北京:中国言实出版社,2011.

见表 1-1、表 1-2）。美国、英国分别于 1966 年、2000 年出台了《信息自由法》，日本于 1999 年颁布了《关于行政机关所保有之信息公开的法律》，一些发展中国家，如亚洲的印度、巴基斯坦，非洲的尼日利亚、肯尼亚等国家也就信息公开进行立法[①]，截至 2013 年，世界上已有超过 90 个国家出台了信息公开法律[②]，信息知情权也不再局限于行政管理领域的改革，而是已被广泛认可为一项基本人权。

表 1-1 国际上促进信息公开的政策行动

政 策 文 件	年份	国 际 组 织
世界人权宣言	1948	联合国
欧洲人权公约	1950	欧洲委员会
人权保护与基本自由公约	1950	欧洲委员会
公民政治权利与国际公约	1966	联合国
美洲人权公约	1969	美洲国家组织
非洲人权宪章	1981	非洲联盟
环境信息获取条例	1990	欧洲委员会
90/313/EEC 指令：环境信息自由获取	1990	欧洲共同体
里约环境与发展宣言	1992	联合国
欧洲联盟条约	1992	欧洲共同体
查普特佩克宣言	1994	美洲新闻协会
奥胡斯公约	1998	联合国欧洲经济委员会
捍卫人权宣言	1999	联合国

---

① 莫于川. 政府信息公开法制的若干现实问题——以《公开条例》的认知和实施为研讨样本[J].中国法律,2010,1.

② RELLY J E. Freedom of Information Laws and Global Diffusion: Testing Rogers's Model[J]. Journalism & Mass Communication Quarterly，2012，89(3)：431-457.

（续表）

政　策　文　件	年份	国　际　组　织
欧洲基本权利宪章	2000	欧洲联盟
美洲言论自由宣言	2000	美洲国家组织
反腐败协议	2001	南部非洲发展共同体
亚太地区反腐败行动倡议	2001	亚洲开发银行 亚太经合组织
非洲言论自由宣言	2002	非洲人权委员会
公共获取环境信息条例	2003	欧洲议会与欧盟委员会
反腐败公约	2003	非洲联盟
联合国反腐败公约	2003	联合国
信息自由法案	2003	联合国秘书处
阿拉伯人权宪章	2004	阿拉伯国家联盟
Nueva León 宣言	2004	美洲国家首脑
欧洲委员会官方文件获取条约	2008	欧洲委员会
信息获得权原则	2008	美洲法律委员会
美洲法律信息获取模型	2010	美洲国家组织
布里斯班宣言	2010	联合国教科文组织

资料来源：Jeannine E. Relly. Freedom of Information Laws and Global Diffusion：Testing Rogers's Model。

表 1-2　各国(地区)促进信息公开的政策行动

国家(地区)	颁布年份	信　息　公　开　法　律
瑞典	1766,1949	出版自由法
哥伦比亚	1888,1985	官方文件公开法
芬兰	1951,1999	官方文件公开法 行政事务公开法

（续表）

国家(地区)	颁布年份	信 息 公 开 法 律
美国	1966	信息自由法
丹麦	1970,1985	公众获取行政档案法 公众获取管理文件法
挪威	1970	信息公开法
荷兰	1978,2009	公众获取信息法 政府信息公开法
法国	1978	行政文件公开法
新西兰	1982	官方信息法
澳大利亚	1982	信息自由法
加拿大	1982	信息获取法
希腊	1986,1999	行政程序条例
奥地利	1987	联邦信息责任法
意大利	1990	行政程序与获取行政文件法
西班牙	1992	公众行政与普通行政程序法
乌克兰	1992	信息法
匈牙利	1992	个人数据保护与公众数据公开法
葡萄牙	1993	行政文件获得法
比利时	1994	联邦公共机构行政文件获得权
冰岛	1994	信息法
俄罗斯	1995	信息、信息化与信息保护法
韩国	1996	公共机构信息公开法
爱尔兰	1997	信息法
泰国	1997	官方信息法
乌兹别克斯坦	1997,2002	信息公开保障法

（续表）

国家（地区）	颁布年份	信 息 公 开 法 律
以色列	1998	信息公开法
拉脱维亚	1998	信息公开法
阿尔巴尼亚	1999	官方信息获得法
捷克共和国	1999	信息自由法
格鲁吉亚	1999	格鲁吉亚行政法案（第三章）
日本	1999	关于行政机关所保有之信息公开的法律
列支敦士登	1999	信息法
特立尼达和多巴哥	1999	信息公开法
保加利亚	2000	公共信息获得法
爱沙尼亚	2000	公共信息法
立陶宛	2000	政府机构信息获得法
摩尔多瓦	2000	信息获得法
斯洛伐克	2000	信息自由获得法
南非	2000	信息获得促进法
英国	2000	信息自由法
巴拿马	2001	信息自由获得法
波兰	2001	信息自由法
罗马尼亚	2001	自由获取公共利益信息法
中国台湾	2001	行政资讯公开办法
安哥拉	2002	行政文件获得法
牙买加	2002	信息自由法
墨西哥	2002	公共行政信息透明法
巴基斯坦	2002	信息自由条例

（续表）

国家（地区）	颁布年份	信 息 公 开 法 律
秘鲁	2002	公共信息透明法
塔吉克斯坦	2002	塔吉克斯坦共和国信息法
津巴布韦	2002	信息自由与隐私保护法
亚美尼亚	2003	信息自由法
克罗地亚	2003	信息获取权利法案
斯洛文尼亚	2003	公共信息获得法
土耳其	2003	信息权利法
安提瓜和巴布达	2004	信息自由法
多米尼加共和国	2004	信息获得法
厄瓜多尔	2004	信息透明与公开法
塞尔维亚	2004	公共利益之信息自由获得法
瑞士	2004	行政透明法
阿塞拜疆	2005	信息自由法
德国	2005	联邦政府信息获得法
印度	2005	知情权法案
黑山共和国	2005	信息自由获得法
乌干达	2005	信息自由法2005
洪都拉斯	2006	公共信息获得与透明法案
吉尔吉斯斯坦	2006	信息自由保障法
马其顿	2006	公共事务信息获得法
中国	2007	政府信息公开条例
约旦	2007	信息获得法
尼泊尔	2007	知情权法案

（续表）

国家（地区）	颁布年份	信 息 公 开 法 律
尼加拉瓜	2007	公共信息获得法
孟加拉国	2008	知情权法案
智利	2008	公共职权透明与信息自由法
危地马拉	2008	公共信息自由获得法
印度尼西亚	2008	信息公开法
乌拉圭	2008	公共信息获取权法案

资料来源：Jeannine E. Relly. Freedom of Information Laws and Global Diffusion：Testing Rogers's Model。

图 1-1 统计了 1900 年以来国际组织与各国信息公开的政策立法数量，在 1900 年以前，世界上仅有两个国家出台了信息公开的政策法规，还没有国际层面的促进信息公开的行动。1901—1990 年间，信息公开的政策立法数量缓慢增加，到了 1990 年以后，尤其是 21 世纪以来，不论是国际层面还是国家层面的信息公开政策都迅速增长。从表 1-3 可以看出，欧洲国家信息公开立法广泛，且起步最早；

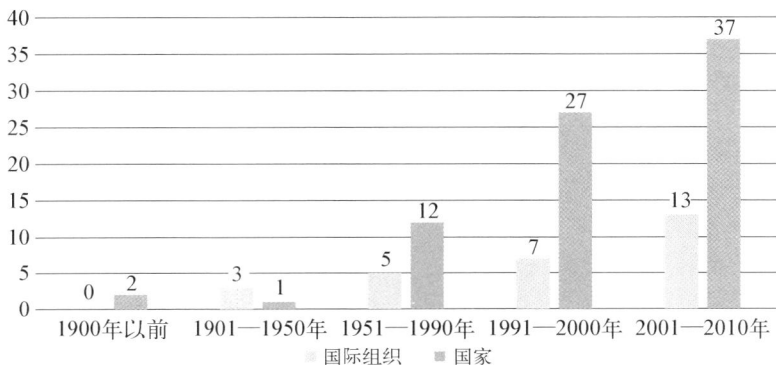

图 1-1 1900 年以来国际组织与各国推进信息公开的政策行动数量

然后依次是南美洲、北美洲、亚洲、大洋洲；非洲信息公开立法国家数量最少且起步最晚。除了以上列举的信息公开法之外，一些国家辅之以相关法律和实施细则，逐步构建较为完整的信息公开法律体系。如美国在 1966 年出台了《信息自由法》后，于 1974 年颁布《隐私权法》，规定任何人都有权查阅政府文件中关于本人的资料；1976 年又通过了《阳光下的政府法》，要求合议制的行政机关会议信息应当公开，进一步完善了信息公开制度。

表 1－3　各大洲信息公开立法国家（地区）数、占所在
洲国家数的比例和最早立法时间

	欧洲	北美洲	南美洲	亚洲	非洲	大洋洲
立法国家（地区）	36	10	6	18	4	2
立法国家（地区）占比	83.7%	43.5%	50%	37.5%	7.5%	14.3%
最早立法时间	瑞典（1766）	美国（1966）	哥伦比亚（1888）	韩国（1996）	南非（2000）	澳大利亚新西兰（1982）

阿克曼（Ackerman）等把这些颁布信息公开法案（Freedom of Information Act，FOIA，为使行文方便简洁，下文简称 FOIA）的国家分为了四种类型：第一类是 1980 年之前颁布的国家，这些国家的法案被公共职能部门广泛应用且运行效果较好，但是法案内容较为保守，缺乏创新性和进取性，例如美国的 FOIA 将一些重要的政府部门排除在公开的义务主体之外，如白宫、法院，以及一些接受公共资助的私有主体。第二类包括 29 个国家，有菲律宾、西班牙、葡萄牙、韩国、泰国、墨西哥等，这些国家将信息公开法案的颁布作为其民主化进程的一部分，因而公开意愿较强，涵盖的主体较为广泛，例如南非的 FOIA 将信息公开主体扩展到了私人领域，这些国家的信息公开成效取决于民主化进程是否顺利。第三类国家是有着悠久的民主

历史，在近三十年进行了信息公开立法的国家，多为发达国家，包括澳大利亚、意大利、新西兰、爱尔兰、日本、英国等13个国家。这些国家有着较为完善的民主政治体系，但是却没有走在信息公开立法的前列，并且公开的力度较为保守，实施中阻力也较大。英国在2000年颁布了信息公开法案，但由于重重阻力，五年后才开始全面实施。第四类是近代以来没有经历民主变革的国家，例如印度、巴基斯坦、牙买加等，这些国家的信息公开法案力度较弱，像巴基斯坦的信息公开法把许多事项纳入不予公开的范围。① 在进行信息公开法案比较的时候，要充分考虑这些国家的不同情况。

在信息公开的时代浪潮中，政府信息公开、公司信息披露、医疗信息公开都有了一定的发展。在现代民主政治的背景下，世界各国纷纷掀起了政府透明化的改革，政府机构将信息以法定的程序和形式主动向社会公众公开，个人或组织也可以向政府部门依法申请公开信息。② 亚洲国家中，率先进行信息公开立法的是韩国，国会于1996年颁布了《公共机构信息公开法》。政府信息公开的推行有助于增加行政管理的透明度，打造阳光政府，加快服务型政府的转型，防止政府权力的滥用和误用。而经济领域中，上市公司的信息披露（Information Disclosure）制度也较为成熟。1929年华尔街证券市场大阵痛中的非法投机、欺诈与操纵行为促使美国联邦政府分别于1933年和1934年颁布了《证券法》和《证券交易法》，在《证券法》中规定了上市公司必须实行财务公开。此后，资本市场不断扩大，上市公司也日益繁荣发展，越来越多的国家建立起信息披露制度，上市公司信息披露的范围也越来越广。上市公司所披露的信息引导着资本从投资者流向上市公司③，是推进社会资源合理配置的重要动力。1998

---

① ACKERMAN J M, SANDOVAL - BALLESTEROS I E. The global explosion of freedom of information laws[J]. Administrative Law Review，2006：85 - 130.

② 朱友刚.服务型政府视角下的政府信息公开研究[D].山东大学，2012.

③ 杜长春.上市公司信息披露管理研究[D].哈尔滨工业大学，2009.

年,欧洲经济委员会发布了《环境信息的可获得、公众参与决策与诉诸法律的公约》,又称《奥胡斯公约》,其中对于责任机构向公众提供环境信息、有关环境问题的决策信息公开以及环境事件的司法公开等问题做出了具体规定。[①]

第二节　高校信息公开

当前,信息公开的领域正在逐渐拓展,教育是一个与公众密切相关的领域,在高等教育大众化的趋势下,高校透明治理的意义尤为重大。诚如马丁·特罗所言:"在精英教育阶段,大学是象牙塔,而在高等教育大众化阶段,公众需要广泛参与,高校的治理结构也应当随之改变。"[②]只有让社会大众了解高校的信息资讯,才能使公民合理地参与高校治理,为此高校应当建立起顺畅的信息发布渠道,完善信息公开制度,提高高校的透明度,让公众了解、支持和监督学校的运行。

纵观全球,许多国家已经通过政策法规赋予高校信息公开的义务。自 1966 年出台联邦《信息自由法》(*Freedom of Information Act*)之后,美国的 50 个州都陆续依据《信息自由法》的基本原则制定了本州的信息公开法律,高校一般被涵盖在内。此外,美国《高等教育法》(*Higher Education Act*)、家庭教育权和隐私权法(*Family Educational Rights and Privacy Act*)中也都就高校信息公开作出规定;英国在 2000 年颁布的《信息自由法》(*Freedom of Information Act 2000*)中明确了高校承担的信息公开义务;澳大利亚部分州的立

---

① MASON M. Information disclosure and environmental rights: The Aarhus Convention[J]. Global Environmental Politics, 2010, 10(3): 10 - 31.

② TROW M. Problems in the Transition from Elite to Mass Higher Education[J]. 1973.

法中对于高校信息公开也有所体现,例如蒙纳士大学就根据《维多利亚州信息自由法》(*Victorian Freedom of Information Act 1982*)制定了本校的信息公开政策;加拿大高校也大多依据本州的信息自由法实行信息公开,例如阿萨巴斯卡大学根据《阿尔伯塔省信息自由与隐私保护法》[*Freedom of Information and Protection of Privacy Act (Alberta)*],成立了"信息自由与隐私办公室"(*The Freedom of Information and Privacy Office*),并制定了《信息获取政策》(*Access to Information Policy*)、《记录管理政策》(*Records Management Policy*)、《隐私保护政策》(*Protection of Privacy Policy*)。

我国《国家中长期教育改革和发展规划纲要(2010~2020年)》中提出要"完善中国特色现代大学制度","完善教育信息公开制度,保障公众对教育的知情权、参与权和监督权"①,高校信息公开在构建具有中国特色的现代大学制度中扮演着重要角色。我国高校信息公开相较于国外起步较晚,高校信息公开的立法植根于政府信息公开的立法中。在各国纷纷打造"阳光政府""透明政府"的背景下,我国也于2007年颁布了《中华人民共和国政府信息公开条例》(以下简称《条例》),其中第37条规定:"教育、医疗卫生、计划生育、供水、供电、供气、供热、环保、公共交通等与人民群众利益密切相关的公共企事业单位在提供社会公共服务过程中制作、获取的信息的公开,参照本条例执行"②,这为高校信息公开的立法打开了第一扇窗口,此前世界上已有超过70个国家(地区)进行信息公开立法,公立高校一般被涵盖在公开主体的范围内。2010年,教育部出台《高等学校信息公开办法》(以下简称《办法》),对高校信息公开的主体、内容、途径和要求、监督和保障做出规定,此后高校信息公开工作日益受到重视。

---

① 教育部.国家中长期教育改革和发展规划纲要(2010~2020年)[J],2010.
② 国务院.中华人民共和国政府信息公开条例[J],2010.

2009 年 3 月《中国青年报》通过"新浪网"对 2 588 人进行了一项调查，"高校信息公开对高校有什么影响"，其中"98.1％的人认为，高校作为提供社会公共服务的单位，应尽快实施信息公开；92.3％的人认为，高校信息公开有助于减少腐败现象。"①长期以来，人们对政治、经济领域的腐败问题较为关注，对于"高等教育领域的腐败却谈论不多"②。而近年来，高校的腐败在世界范围内有所加剧，我国的高校腐败问题也呈现增长态势，中国社科院发布的 2010 年《社会蓝皮书》中指出，在我国，高校已经成为腐败的高发区，仅 2013 年，就有浙江大学副校长褚健、四川大学党委常委、副校长安小予、中国人民大学招生就业处处长蔡荣生、南昌航空大学党委书记王国炎、南昌大学校长周文斌等多位高校官员因腐败问题落马，高校已不再是不受污染的"世外桃源"，社会公众对于高校信息公开有了更加迫切的愿望。2010 年，教育部颁布的《办法》规定，"高等学校在开展办学活动和提供社会公共服务过程中产生、制作、获取的以一定形式记录、保存的信息，应当按照有关法律法规和本办法的规定公开"，③并对高等学校信息公开的内容、途径和要求、监督和保障做出了具体规定。

第三节 核心概念界定

一、高校

高校由法律法规授权，以实现公共利益为目的，行使公共权力的组织，具有行政组织的属性。高校的办学权是由《教育法》授予的，属

---

① 中国青年报.98.1%的人认为高校应尽快实施信息公开[J].
② ALTBACH P. The question of corruption in academe[J]. International Higher Education，2004，34：7-8.
③ 教育部.高等学校信息公开办法[J]，2010.

于公权力的范畴,因而有义务向公众公开在办学中获取的信息[①]。根据《办法》第 29 条的规定,"高校信息公开"中的"高校"包括"大学、独立设置的学院和高等专科学校,其中包括高等职业学校和成人高等学校"[②]。可见,《办法》涵盖了各级各类高校,既包括由国家举办、主要依靠国家财政拨款作为办学资源的公立高校,也包括由社会力量举办、办学经费完全自筹的民办高校;包括本科、专科、独立学院,以及高等职业学校和成人高等学校。在本研究中,"高校"的内涵和外延与《办法》中的规定相一致,下文中"大学"与"高校"内涵一致,不做区分。

二、高校信息

《办法》中对于高校信息做出了明确界定,是指"高等学校在开展办学活动和提供社会公共服务过程中产生、制作、获取的以一定形式记录、保存的信息"。[③] 也就是说,"高校信息"不仅是高校在办学和社会服务中产生、制作的信息,还有从其他个人、组织机构中收集、获取的信息,前者例如高校编制的各项规章制度、向社会发布的历年录取分数线、录取人数,后者例如高校在评奖评优、学生资助时要求学生提供的个人资料、由于教师的职称评定而获取的个人信息、在校企合作、物资采购的招投标中获取的企业信息,或者是高校从政府处获取的文件资料等。"开展办学活动"而非仅仅是"教学科研活动"中产生的信息,意味着高校的后勤、资产、基建等信息也在公开范围之内。高校信息所涉及的主体不仅是高校的学生、教职工以及管理人员,也包括高校与社会、政府之间的往来信息,例如高校的社会捐赠信息、资产信息、年度预决算等,涵盖了高校在办学过程中信息输入、运行

---

① 尹晓敏.高校信息公开:从学术、立法到机制的逻辑[J].现代教育科学:高教研究,2010(4):23-27.

② 教育部.高等学校信息公开办法[J],2010.

③ 教育部.高等学校信息公开办法[J],2010.

和输出的所有环节[①]，包括从资金来源、招生录取、教学管理到学生就业的整个过程。高校信息既包括学校日常运行管理中的行政信息，也包括突发状况的应急处理，以及学校的重大事件相关信息。既包括公众较为熟知的招生录取、学科学位信息，也包括传统上公开较少、颇为神秘的财务信息。"以一定形式记录、保存"说明高校信息不包括口头传递的信息，而必须是可以通过一定的介质存储、传播的信息。

高校信息具有公共性，首先是信息的发布主体——高校，具有公共性。尽管在世界范围内，高校所提供的教育服务越来越产业化，越来越关注"学生消费者"的需求[②]，但是我国《高等教育法》第 24 条规定："设立高等学校，应当符合国家高等教育发展规划，符合国家利益和社会公共利益，不得以营利为目的"，民办教育"属于公益性事业，是社会主义教育事业的组成部分"[③]，充分体现了我国的高等教育以实现公共利益为目的。所以，高校信息是具有公共性的高校在实现公共利益的办学过程中产生、制作和获取的，这决定了高校信息的公共属性。

三、信息公开

我国学者周汉华认为，信息公开是指"行政、立法、司法等行使公共权力的部门或组织，乃至一般企事业及私法团体在国家基本法规定的范围内向本国公民公布有关信息"。[④] 国外的信息公开立法中一般使用 Freedom of Information，也有少数使用 Access to Information 或者 Information Disclosure，都没有加上限定语来指明信息公开的主

---

① 教育部.高等学校信息公开办法[J],2010.

② NG I C, FORBES J. Education as service：The understanding of university experience through the service logic[J]. Journal of Marketing for Higher Education，2009，19(1)：38-64.

③ 教育部.中华人民共和国高等教育法[J],1998.

④ 周汉华.起草《政府信息公开条例》(专家建议稿)的基本考虑[J].法学研究,2002,6(96)：93.

体。由于各国对于信息公开主体的规定不同,"信息公开"有时候特指"政府信息公开",有时候却涵盖了更为广泛的主体。我国的信息公开工作首先在政府部门实行,所以当前在我国"政府信息公开"的使用范围更广。"政府信息公开"与"信息公开"的区别在于信息公开行为主体的范围不同,"政府信息公开"的范围小,是"信息公开"的重要组成部分,除了政府以外,"信息公开"的行为主体还包括了其他行使公共职权的部门,如医疗、交通、教育等,在有些国家的立法中,甚至包括了私法团体的信息公开,例如南非在 2000 年颁布的《信息自由法》中,就将企业和私法团体的信息公开纳入在内。

四、高校信息公开

高校信息公开是信息公开的组成部分,是信息公开在高等教育领域的延伸和拓展。高校信息公开的权利主体是全体公众,包括校内的学生、教职员工和校外的社会公众,包括个人和组织;义务主体是各高校,与公立高校不同,民办高校是"国家机构以外的社会组织或个人,利用非国家财政性经费,面向社会举办的高校"[①],一些国家的私立高校不负有信息公开的义务,如美国的《信息公开法》就未将私立高校纳入信息公开的义务主体范围之内。但在我国,基于民办高等教育的公益性和提供社会服务的公共性,民办高校也要按照《办法》的规定实行信息公开。

《办法》第七条明确列举了高校应该公布的 12 项信息,2014 年7 月,教育部发布《高等学校信息公开事项清单》(以下简称《清单》),对《办法》中有关信息公开内容的规定进一步细化,以清单的形式列出了 50 项高校应当公开的具体信息,包括高校的基本信息、招生考试信息、财务信息、人事师资信息等。不过,这些信息只是高校需要主动公开的信息,社会组织和个人还可以根据各自的需要向高校提

---

① 马怀德.公立高校信息公开研究[M].中国法制出版社,2012.

出申请，要求其公开其他相关信息。高校可以通过学校官方网站、校报校刊、校内广播等校内媒体和报纸、杂志、广播、电视等校外媒体以及新闻发布会、年鉴、会议纪要或者简报等多种途径公开信息，并可根据需要设置公共查阅室、资料索取点、信息公告栏或者电子屏幕等场所和设施。

在我国，高校信息公开发端于校务公开的实践中，二者的内涵有相近之处，但它们也存在着明显的区别，如果混为一谈，就会导致对"高校信息公开"内涵的误解。高校信息公开是信息公开的组成部分，从目标来说，高校信息公开是为了保障公民的知情权这项基本权利，是为了实现高校的公开透明，而校务公开旨在推进高校决策的民主化、科学化，调动教职工的积极性，让广大教职人员参与到学校的重大决策中来。高校信息公开的权利主体更加广泛，校务公开的主要对象是教职工，局限于校内公开，而高校信息公开的对象是全体社会公众。校务公开的主要内容是与教职工利益密切相关的事务，如学校的改革方案、教职工聘任办法、教职工奖惩办法、经费预决算、教职工购（建）房方案、住房公积金、养老金、医疗保险和其他社会保障基金等；而高校信息公开的内容则广泛得多，涵盖了招生、财务、人事、基建、教学等多项与广大人民群众的切身利益密切相关的热点信息。校务公开主要依赖于高校主动公开，没有规定教职工申请公开信息的权利，而高校信息公开中，依申请公开是公众获取信息的重要途径，公民可以根据自身需要，向高校申请获取相关信息。校务公开只是一项政策，不具有强制性，《全面推进校务公开工作的意见》中规定，各地各高校可以根据实际情况制订校务公开的工作计划和实施办法，缺乏程序规范，具有主观随意性[1]，而《办法》中对于信息公开的主体、内容、公开的途径和要求、监督保障机制都做出了具体规定，是对校务公开工作的进一步规范和深入。

---

[1] 教育部.关于全面推进校务公开工作的意见[Z]；教监[2002]1号[D].2002.

第二章　信息公开领域的相关研究成果

第一节　信　息　公　开

国内外对于信息公开的研究主要集中于信息公开的理论基础、制度构成、实施现状、信息公开的价值、信息公开中存在的阻碍与挑战等。

一、信息公开的理论基础

国内外学者对于信息公开的理论基础进行了探讨。

（1）人民主权理论。达奇（Darch）和安德伍德（Underwood）指出，早在启蒙运动时期，信息就被视为民主的氧气，是实现人民主权不可或缺的部分[①]。人民主权理论发轫于欧洲近代资产阶级的反封建斗争，卢梭从"社会契约论"延伸出"主权在民"理论，认为国家是由人民订立契约建立的，国家的权力属于人民，这一理论成为各国宪法的基本精神。我国《宪法》中明确规定："中华人民共和国的一切权利属于人民。"人民是国家的所有者，政府由人民赋权，因此政府等公共职能部门在行使公共权力时产生的信息有义务向人民公开，接受人

---

① DARCH COLIN P U. Freedom of Information in the Developing World: Demand，Compliance and Democratic Behaviours[M]. Oxford：Chandos，2010.

民的监督。英国前首相布莱尔在 1996 年的演讲中说道："信息公开的意义远不止是一项立法改革，更是实现人民主权的需要。"

（2）知情权理论（The Right to Know），又译为得知权、了解权。美国新闻编辑肯特·库伯（Kent Cooper）在 1945 年的一次演讲中首次提出了这一概念，此后产生了广泛影响，其基本内涵是公民有权了解他们应当了解的信息，保障公民获取信息的权利。波文斯（Bovens）将知情权列为和公民自由、政治权利、社会权利同等重要的公民的基本权利，主要是指公民接收和索取信息的自由。知情权是打造阳光政府、实现行政透明的基本保障，保障公民的知情权不仅仅是为了公共管理的透明，更是实现一项基本人权，并提出知情权应当和公民的其他个人基本权利一同写入宪法章程。① 孟德尔（Mendel）讨论了公民的知情权在国际法和各国法律中的体现②，如联合国 1946 年第一次大会通过的决议指出："知情权是一项基本人权，是联合国追求的所有自由的基石。"1948 年通过的《联合国人权宣言》第 19 条规定："每个人均有持有观点和表达自由的权利，包括不受干预地拥有观点以及通过任何方式寻找、接受和传播信息与观念的自由。"我国学者朱春霞通过分析英国、美国、法国和日本的宪法中有关知情权的规定，认为"知情权是公民必须享有、国家必须保障的权利"，即使在宪法中没有明文规定，也有其存在的宪法依据。③ 虽然欧盟国家的宪法和民法中大多没有把"知情权"明确认定为一项基本人权，但是这些国家在宪法中明确规定了公民的言论自由、司法正义等权利，而知情权是实现这些权利的基础，如果公民对相关信息不了解，就失去了事实判断、表达观点的根基④。信

---

① BOVENS M. Information Rights：Citizenship in the Information Society［J］. Journal of Political Philosophy，2002，10（3）：317－341.

② MENDEL T. Freedom of information as an internationally protected human right ［J］. London：Article，2000，19.

③ 朱春霞.论信息公开［D］.中国优秀博硕士学位论文全文数据库（博士），2005.

④ BIRKINSHAW P. Freedom of information and openness：Fundamental human rights?［J］. Administrative Law Review，2006：177－218.

息公开是保障公民知情权的基础,如果信息的公开渠道不畅通,公民也就无法自由地接受和获取信息。

二、信息公开制度

学者对于构建信息公开制度的各个要素,包括信息公开的主体、程序、内容、监督等进行了讨论。

在信息公开的主体方面,学者王勇指出,信息公开的立法与实践一般是针对行使公共权力的职能部门,不同国家信息公开立法中义务主体的范围有所不同,世界各国规定的信息公开的义务主体可分为四类:一是单指政府行政机关,如美国、日本;二是除了政府行政机关外,还涵盖了立法、行政与司法等所有国家机关;三是除了国家机关以外,还适用于其他公共组织,如新西兰 1982 年《信息公开法》将大学等教育机构纳入信息公开的主体;四是除了国家机关和行使公共权力的其他组织以外,还适用于一般的企业或者私法团体,如南非。由此可以看出,政府是各国信息公开的主要义务主体。[①] 截至 2005 年,世界上 70 多个信息公开立法的国家中,有 19 个国家将公开的义务主体扩展到了企业等私人领域[②]。我国在《政府信息公开条例》中,将信息公开的主体延伸到了教育、医疗卫生、计划生育、供水、供电、供气、供热、环保、公共交通等公共企事业单位,属于上述的第三类。各国立法中对信息公开权利主体的规定较为一致,由于知情权是公民的基本权利,所以全体公民都是信息公开的权利主体。在公民申请信息公开中,一些国家的立法规定所有人都有向公共部门索取信息的权力,不限于本国公民,如英国和美国,而有些国家则将信息公开的权利主体限定为本国公民,如加拿大。

在信息公开的内容方面,学者王万华总结出国外的信息公开

[①]　王勇.政府信息公开论[D].中国政法大学,2005.

[②]　BANISAR D. Freedom of information around the world 2006: A global survey of access to government information laws[J]. Privacy International,2006.

制度中，大多遵循"最大化公开"的原则，即以公开为常态，不公开为例外，大多采取了"概括公开事项＋列举限制公开事项"的方式确保信息公开范围的最大化，例如美国的《信息自由法》规定，除明确列举的 9 项可以不予公开的信息以外，义务主体不得以任何理由拒绝公开任何信息。信息公开涉及的领域十分广泛，包括政治、文化、经济、军事、科技等众多领域，一些信息不适于公开或者不适于对所有公众公开，因为公开会造成其他重要利益的受损①，"公开本身不是目的，公开的目的在于维护人民权利，而维护人民权利的目的在于实现公共利益"。② 当信息公开与其他利益产生冲突的时候，应当谨慎界定信息公开的范围，明确信息公开的界限，平衡信息公开与保障其他利益的关系。学者石国亮分析了国外信息公开立法中关于信息公开例外事项的条款，总结出例外信息主要包括涉及国家安全、国防外交的信息，一旦泄露将损害国家利益，危及国家安全，因此不予公开；公开可能会威胁公共安全，造成公民的生命健康、财产安全等遭受损失的信息不予公开；行政机关掌握的企业的商业秘密，如果随意公开将造成商业竞争不公平，这类信息一般也不予公开；涉及个人隐私的信息也被排除在信息公开的范围之外；一些行政机关的内部信息，与公共利益没有直接的关系，例如人事规则和制度也可以不予公开③。不过，在不予公开的信息中，又分为绝对不予公开和相对不予公开，例如涉及国家秘密的信息一般绝对不予公开，而涉及商业秘密、个人隐私的信息，如果不公开会造成公共利益的巨大损失，行政机关就要视具体情况决定是否公开，因此行政机关拥有一定的自由裁量权。马库斯·特尔（Marcus Turle）提出，行政机关应当以"公共利益最大化"为准则来裁量相对不予公开的信息，权衡公开信息所获得的利益和不公开信息所保护的利益，

---

① 王万华.知情权与政府信息公开制度研究[M].北京：中国政法大学出版社，2013.
② 魏永征，张鸿霞.大众传播法学[M].北京：法律出版社，2007.
③ 石国亮.国外政府信息公开探索与借鉴[M].北京：中国言实出版社，2011.

以此决定是否公开。①

三、信息公开的实施

尽管各国信息公开立法的基本精神和原则相似,但是不同国家在实践中的情况则各不相同,而决策者却常常忽略了信息公开法案的实施。当前,学界已经意识到,要使行政透明、信息公开从理想变为现实,就必须关注信息公开法案在实践中的落实情况,正如帕塔史尼克(Patashnik)所认识到的,信息公开法案包括文本与实践两个层面,当改革的理想遭遇严酷的现实,公开透明的理念是否仍旧能够被不遗余力地践行,这应当得到各方的持续关注。② 因此,一些学者致力于对各国信息公开的实施情况进行调查和研究,研究的范围既包括一国的信息公开实施情况,也有跨国界的比较,研究的内容包括信息公开的花费、公民申请信息公开的数量、政府对公开申请的回复情况等。例如,詹姆斯(James)的研究中指出,2003 年美国用于信息公开的花费约为 2 300 万美元;加拿大约 2 500 万美元,英国在法案正式实施后的 18 个月内花费为 6 800 万美元。英国和美国的信息公开法案中,规定申请公开信息的回复时限是 20 个工作日以内,加拿大为 30 个工作日以内。2005 到 2006 年,英国各公共职能部门按时回复信息公开申请率为 64%到 92%;加拿大为 5.9%到 60.1%。加拿大平均每年有 18%的信息公开申请未得到回复,美国为 7.1%,英国为 2.6%,申请公开的内容大多为财务信息。③ 从申请公开信息的数

---

① TURLE M. Freedom of information and the public interest test[J]. Computer Law & Security Review, 2007, 23(2): 167 - 176.

② PATASHNIK E M. Reforms at Risk: What Happens After Major Policy Changes Are Enacted: What Happens After Major Policy Changes Are Enacted[M]. Princeton University Press, 2014.

③ U. S. DEPARTMENT OF JUSTICE O O I A P. Summary of Annual FOIA Reports for Fiscal Year 200 Office of the Information Commissioner of Canada[EB/OL] [2015 - 10 - 21] www.infocom.gc.ca/reports/2005 - 2006 - e.asp.

量来看,英美加三国的申请量都不到本国人口数的 1％,不过在绝对数量上,美国 2005 年收到了约 260 万份的信息公开申请,远高于加拿大的 25 207 和英国的 38 108 份。① 申请公开的主体主要是公民,媒体,企业。在加拿大,2000—2001 年期间,40％的信息公开申请者为商业机构,30％来自公民个人②；1998 年到 2007 年之间,爱尔兰的公众发出的信息公开申请约占 50％,而商业组织和传媒的申请分别占到 15％和 7％。③

斯奈尔(Snell)通过梳理澳大利亚 FOIA 的实施过程,总结出了信息公开政策执行的"四阶段特征",第一阶段是"热切",决策者在 FOIA 颁布之初积极推行；到了第二阶段,不论是决策层还是基层的政策执行者,推行信息公开的热情都逐渐消退,进入疲惫期；第三阶段是"修改"期,在这一阶段,由于信息公开在实践中遇到了阻力,决策层会修改 FOIA 中的相关条款,限制信息公开的范围,削弱信息公开的效力；最终进入第四阶段,回归信息公开的基本原则。④

罗伯茨(Roberts)把那些迫于外界压力(例如出于加入国际经济组织的需要)而临时颁布信息 FOIA 的国家称为"疲软国家"(Soft States),这些国家通常经济较为落后,民主建设不健全,腐败现象频发,这些国家常常将信息公开作为粉饰而在实践中难以真正落实,例如在南非,其 2000 年颁布的《信息获得促进法》(*The Promotion of Access to Information Act*)由于缺少资金支持和有力落实而难以为继,安哥拉 2002 年颁布的《行政文件获得法》由于政府政策落实不力

---

① CANADA G O. Access to Information Act[EB/OL][2015 - 10 - 05] http：//laws. justice.gc.ca/en/a - 1/.

② FORCE A T I R T. Access to Information：Making It Work for Canadians[C]// Supply and Services Canada. Ottawa,2002.

③ (AUSTRALIA). D O T P M A C.. Freedom of Information (FOI) Reform：Companion Guide[C]//. Canberra,2009.

④ SNELL R. Freedom of Information：The Experience of the Australian States - An Epiphany[J]. Fed. L. Rev.,2001,29：343.

而未能推行开来①。并且这些国家申请信息公开的群体集中于少数
受教育程度较高的精英人群，而未惠及普通群众。即使是在富裕的
民主国家，公共职能部门也很少有强烈的动机去落实 FOIA，例如在
美国，20 世纪 80 年代以来政府中新公共管理主义盛行，对于民主
的宪法理念的追求让位于绩效的压力和可测量的政绩，政府对于
其他方面的绩效追求压倒了行政透明的目标，使信息公开的落实
蒙上了阴影②。信息公开仅仅是一个政策工具，其实施情况有赖于
公共管理部门的支持和能力，调查显示，仅有小部分国家真正有效实
施了 FOIA。③

　　部分学者对于信息公开实施后所发挥的作用进行理论探讨，认
为实行信息公开具有提高行政机关的透明度和开放性，增强对公共
职能部门的问责，提高政府决策质量，增进公众对政府决策的理解，
提高公众参与率以及增强公众对行政机关的信任感，促进廉政建设
等作用④，而对于 FOIA 的实施是否产生了上述影响，相关学者进行
了实证研究。

　　一些学者的研究结果表明，信息公开的确产生了一系列的正面
影响。例如，沃斯（Worthy）发现英国的信息公开法案确实有助于提
高公开义务主体的透明度和开放性，并且在特定条件下能增强对公

---

　　① DARCH C，UNDERWOOD P G. Freedom of Information and the Developing
World：The citizen，the state and models of openness[M]. Elsevier，2009.

　　② ROBERTS A S. Less government，more secrecy：Reinvention and the weakening
of freedom of information law[J]. Public Administration Review，2000，60(4)：308－320.

　　③ RELLY J E，SABHARWAL M. Perceptions of transparency of government
policymaking：A cross-national study[J]. Government Information Quarterly，2009，
26(1)：148－157.

　　④ JAMES S. The potential benefits of freedom of information[J]. Open government
in a theoretical and practical context，2006：17－33.
　　GSRU R G，TREASURY H. Magenta Book：Guidance notes for Policy Evaluation
and Analysis[J]. 2005.
MENDEL T，UNESCO N D. Freedom of information：a comparative legal survey[M].
Unesco Paris，2008.

共职能部门的问责。^① 新西兰的信息公开法案在促进政府公开中扮演了重要角色,达成了提高政府决策的质量,增进公众对政府决策的理解,提高公众参与率以及增强公众对信息公开义务主体的信任感这四项目标;澳大利亚在实施信息公开法案后,政府透明度有所提高。^② 政府问责的外部监督主体包括议会、司法审查、独立审计和传媒,信息公开虽然不是向政府问责的直接途径,但是可以为追责提供信息,从而促进政府问责制的落实。^③ 伊斯兰姆(Islam)发现信息的公开透明与治理呈正相关关系,信息公开能够有效促进公共部门的管理^④。

但是,另一些学者的研究结果却表明,信息公开并没有产生预期的效果,甚至还产生了副作用。一般认为,信息公开能够减少腐败现象,但是塔瓦雷斯(Tavares)对 72 个国家的信息公开立法与公共领域的腐败事件进行分析后,发现颁布信息公开法律的国家反而腐败事件更多。^⑤ 艾斯卡勒拉斯(Escaleras)对 128 个国家在 1984 年到2003 年之间的公共领域腐败现象和信息公开法案颁布的关系进行回归分析,发现信息公开法案的实施与腐败事件的增减并无直接关系。英国的信息公开实践中存在着一定的局限性,例如不同机构信息公开的程度不同,一些较为敏感的信息(如财务信息)的公开力度明显小于其他信息,传媒在充当政府与公众之间的信息中介时,会误

---

① WORTHY B. More open but not more trusted? The effect of the Freedom of Information Act 2000 on the United Kingdom central government[J]. Governance, 2010, 23(4): 561 - 582.

② PATERSON M. Freedom of information and privacy in Australia: Government and information access in the modern state[M]. LexisNexis Butterworths Australia, 2005.

③ CAIN B E, EGAN P, FABBRINI S, CAIN B, DALTON R, SCARROW S. Towards more open democracies: the expansion of freedom of information laws[J]. Democracy Transformed?: Expanding political opportunities in advanced industrial democracies, 2006.

④ ISLAM R. Does more transparency go along with better governance? [J]. Economics & Politics, 2006, 18(2): 121 - 167.

⑤ TAVARES S. Do freedom of information laws decrease corruption? [J]. 2007.

解甚至故意歪曲信息。澳大利亚的信息公开法案主要用于申请个人信息的公开,在申请部门信息公开时适用度不高,造成公开力度仍然有所欠缺。加拿大由于根深蒂固的官方保密传统,以及对于信息公开的投入力度不够,尽管一些政府信息对公众开放,但是仍然未达到政府透明的目标。

对于不同学者的研究结果之间的矛盾,海泽尔(Hazell)和沃斯(Worthy)指出,这是由于社会政治环境对于信息公开能够发挥多大的作用、产生怎样的影响具有关键作用。不同国家,甚至同一国家的不同地区的社会政治背景、独特的历史条件都会对信息公开的实施产生不同的影响。信息公开制度不是增进政府与公众理解、增强公众对政府的信任感的“万能灵药”,尽管信息公开有助于构建民主透明的社会政治环境,但在实践中还是要受到外部环境的制约。① 因此,在研究信息公开产生的影响时,外部环境因素不容忽视。一些学者以定量研究方法验证了这一理论,艾斯卡勒拉斯(Escaleras)控制了不同国家的经济水平、政治环境等影响因素后进行回归分析,发现这与国家的民主制度建设有关,如果制度建设不佳,信息公开反而会产生负面影响。信息公开不是一个在真空中实施的法案,它不是遏制腐败的灵丹妙药,反而可能加剧制度建设不够完善的发展中国家的腐败现象。② 塔艾伍(Taewoo)进行了一项大型的国际研究,旨在了解 FOIA 的实施是否促进了新闻自由。通过对 191 个国家 2010年的各项数据的分析,以是否颁布 FOIA 为自变量,以新闻自由度为因变量,腐败指数、政治体制(民主、部分民主和独裁)、国家经济发展程度为控制变量,进行回归分析,发现信息公开能否促进新闻自由与

---

① DE LANCER JULNES P,HOLZER M. Promoting the utilization of performance measures in public organizations:An empirical study of factors affecting adoption and implementation[J]. Public Administration Review,2001:693 - 708.

② ESCALERAS M,LIN S,REGISTER C. Freedom of information acts and public sector corruption[J]. Public Choice,2010,145(3 - 4):435 - 460.

各国的腐败情况、政治体制以及经济发展程度有关，只有在腐败度低、经济发达的民主国家，信息公开才能促进新闻自由，在刚推行信息公开不久的发展中国家则收效甚微。[1] 特龙普（Tromp）把这种现象称之为"信息公开不一致原理"。[2]

四、信息公开的障碍

目前多数学者的研究表明，信息公开的实施效果并不尽如人意。学者对信息公开制度实施中遇到的阻碍进行了探讨。

首先，当前世界公共管理领域发生了"结构多元化"的转变，政府权力收缩，许多公共权力从政府部门转移到了私人企业、非盈利机构或是准政府组织，而多数信息公开法案还未将信息公开的义务主体延伸至这些领域。由于权力使用者的分散，政府信息公开只是信息公开的一部分，所以这个挑战就是要扩大信息公开义务主体的范围，从政府延伸至其他行使公共职能、接受公共资助的部门。[3]

其次，互联网作为强有力的信息媒介，在今天发挥了比纸质媒介更重要的信息传播作用，然而互联网的重要作用在大多数国家的信息公开立法中没有得到重视。在这方面走在前列的国家是墨西哥，率先在信息公开法案中规定了信息公开主体要通过网络公布一定数量的信息，并且要求相关部门建立专门的网络中心负责网络信息公开。

第三个挑战是信息公开的落实比仅仅出台一部法律要困难得多。罗伯茨（Roberts）指出，一部信息公开法案能否成功很大程度上

① TAEWOO N. Freedom of information legislation and its impact on press freedom：A cross-national study[J]. Government Information Quarterly，2012，29(4)：521-531.

② TROMP S. Fallen Behind：Canada's Access to Information Act in the World Context'[J]. Canadian FOI Resource，2008.

③ SIRAJ M. Exclusion of Private Sector from Freedom of Information Laws：Implications from a Human Rights Perspective[J]. Journal of Alternative Perspectives in the Social Sciences，2010，2(1)：211-226.

取决于负责信息公开的管理人员，如果没有足够的信息公开意愿，政府人员不当使用自由裁量权，将使得信息公开难以落实。①

另外，有的国家在信息公开法案实施不久以后就颁布与法案精神相斥的另一法案，或者是对现有法案进行修正，造成了信息公开力度的缩水。例如，2003 年，爱尔兰对 1997 年通过的信息公开法案进行修订，把内阁文件每五年公开一次的规定改为每十年公开一次，扩大了有关"国家安全"的不予公开的事项范围，增加了新的不予公开事项，并提高了申请信息公开的费用，这从本质上改变了"最大化公开"的原则，使信息公开的效力大大削弱。2003 年，日本防卫厅委托第三方对一些信息公开申请人的身份进行调查，这一违规举动没有受到制裁，使得有意愿申请信息公开的公民感到不安全从而放弃了申请。

最后，自"9·11"事件发生以来，恐怖主义成为重要防范对象，而信息公开可能会使恐怖分子掌握信息，从而对国家安全造成威胁，因此近几年对信息的保密趋势复发，一些国家在出台信息公开法案后又出台了旨在保守国家秘密的法律②，例如保加利亚在 2000 年颁布信息公开法案，2002 年通过了一项保密法案。信息公开不是一个自然发展的过程，需要各方的不懈努力，如果没有持续的压力和行动，那么信息公开法案就将变为一纸空文，公开透明的精神也将由于重重困难被逐渐消磨。我们不能全部寄希望于政府的主动变革，全球化和现代化也不会自然地促进信息公开，非政府组织的推进和公众的呼吁是推进信息公开的重要力量。

---

① ROBERTS A. Administrative discretion and the Access to Information Act: an "internal law" on open government? [J]. Canadian Public Administration, 2002, 45(2): 175-194.

② KIRTLEY J E. Transparency and accountability in a time of terror: The Bush administration's assault on freedom of information[J]. Communication Law and Policy, 2006, 11(4): 479-509.

第二节　高校信息公开

目前国内外对于高校信息公开的研究主要集中基本理论探讨、制度构建与完善、实施现状、实施效果评价、国际比较这五个方面。

一、高校信息公开的基本理论

这部分的研究主要是对高校信息公开的理论基础、基本原则以及内蕴价值进行讨论，丰富了对于高校信息公开的理论认识。如尹晓敏探讨了高校信息的界定，高校在公开中如何对待涉密信息，如何培育高校信息公开的永续推动力等基本问题[①]；马海群分别从政治学、管理学和经济学的多学科视角出发，认为高校信息公开的理论基础有知情权理论、利益相关者参与治理理论以及信息不对称理论。[②] 马怀德、林华总结出推定公开、主动公开、二级公开、平等原则和可诉性原则为高校信息公开的基本原则。[③]

麦可兰登（McLendon）和赫恩（Hearn）分析了澳大利亚的信息公开法案对于高校的意义，例如减少高校腐败现象、提高高校的社会公信力以及完善大学治理等。[④] 张继明、徐敏等认为，不论是在现代大学制度建设的宏观层面还是微观层面，高校信息公开都扮演了重要角色，在高校与外部社会的关系中，信息公开有利于加强与社会、市场的信息交换，形成开放的办学模式，使其他利益相关者能够有效

[①]　尹晓敏.让高校办学沐浴在"阳光"下——教育部新颁《高等学校信息公开办法》的立法评析[J].高教探索，2011(2)：41－45.

[②]　马海群.高校信息公开政策研究[M].北京：知识产权出版社，2014.

[③]　马怀德，林华.论高校信息公开的基本原则[J].甘肃社会科学，2014(3)：94－97.

[④]　MCLENDON M K，HEARN J C. Mandated Openness in Public Higher Education：A Field Study of State Sunshine Laws and Institutional Governance[J]. The Journal of Higher Education，2006，77(4)：645－683.

选择和利用大学的产品和服务,实现教育资源的最大化利用;有利于在保证高校办学自主权的前提下,实行高等教育社会问责;随着高等教育国际化的发展,公开透明逐渐成为高等教育竞争力的重要方面,发达国家高等教育的开放性、透明性对我国形成了挑战。随着高等教育进入国际贸易中,提供高等教育服务的高校,必须遵从国际服务贸易的原则,实行信息公开。① 对于高校自身来说,信息公开可以让学生、教职工充分参与到高校的发展建设中,促进高校的民主管理;并且能够使政府从主观意愿上减少对学校的行政审批事项,有利于高校的去行政化。② 从公民的基本权利角度看,高校信息公开是对公众知情权的回应,是当代社会民主与法治建设的需要。在高等教育市场化条件下,公众为高等教育付费,一定程度上可以被视为高等教育的消费者,而提供教育产品的高校应当按照市场规则,向公众公开其提供的产品的相关信息。高等教育中的信息不对称问题使高校与其他社会系统的沟通渠道不够畅通,不利于高校的自我调适以及实现自身和社会价值。将高校本身作为解决信息不对称的切入点,实施高校信息公开,拥有信息优势的校方将有关信息及时向政府、社会、个人传递,是解决信息不对称问题的关键。③

二、高校信息公开制度建设

这是目前高校信息公开领域研究的热点,成果也较为丰富。学者们对于现有的以《高等学校信息公开办法》为核心的高校信息公开制度进行研究,分析已有成果和不足之处,并提出改进策略,试图完善我国高校信息公开的制度框架。

---

① 张继明.高等学校信息公开的必然性探析[J].高等理科教育,2012(1):31－35.
张继明.信息公开与高等教育发展[J].东北大学学报:社会科学版,2008,10(2):161－165.
② 徐敏.高校信息公开与现状大学制度建设[J].江苏高教,2011(1):43－45.
③ 张继明,吴智鹏.高等教育信息不对称对策研究——高校信息公开的视角[J].教育学术月刊,2010(11):66－69.

　　这一类研究中比较具有代表性的成果有：杨沁鑫对美国、英国、日本及我国台湾地区等域外高校的信息公开范围进行了考察，并梳理了我国高校信息公开的范围，其中，绝对不予公开的信息包括国家秘密、公开危及"三安全一稳定"的信息、学校自主决定不予公开的信息；相对不予公开的信息有：商业秘密和个人隐私，应当主动公开的信息包括基本信息、重大决策结果信息、招生就业信息、财务资产信息、教学科研信息、人事管理信息、后勤支持信息等，并探讨混合信息、事故信息、决策与考试信息等特殊信息的公开。① 《办法》中对公开范围的界定存在着不足和缺漏，国外的信息公开立法中通常遵循"以公开为原则，不公开为例外"的准则，而《办法》在界定公开范围时，没有明确规定是以公开为基本原则还是以不公开为基本原则，这种含糊的范围界定不利于信息的最大化公开；并且不予公开的范围也不尽合理，不予公开事项的规定具有较强的任意性，规定"法律、法规和规章以及学校规定不予公开的其他信息"可以不予公开，造成高校在信息公开中自主权过大，容易导致权力的滥用，对于信息公开的申请可以以"不符合学校规定为由"拒绝公开，最终妨碍高校办学情况的公开透明化。② 方燕飞指出，《办法》的法律位阶较低，导致法律效力不够，一些条文与上位法存在冲突。与政府信息公开相比，高校的信息公开具有一定的特殊性，高校自治、学术自由是高校健康发展的应有之义，而《办法》中规定应当公开的部分内容对高校自治形成了挑战。③

　　据此，研究者提出了完善我国高校信息公开制度的路径，例如曾兵和王彤分别从高校信息公开的内容、方式、程序，以及组织体系、配套制度、主动公开、申请公开、监督与救济这些维度对完善高校信息公开的制度建设提出了初步设想④；李博、马海群提出应当引进高校信息公

---

①　杨沁鑫.高校信息公开范围研究[D].中国政法大学,2011.

②　杨沁鑫.高校信息公开范围研究[D].中国政法大学,2011.

③　方燕飞.高校信息公开法律问题研究[D].华东师范大学,2013.

④　王彤.高等学校信息公开制度研究[D].中国政法大学,2010.

开激励制度、强化监督制度和救济制度、规范收费制度，为我国高校信息公开的制度完善提供了新思路[1]；周丽霞、杨志和基于民众对于公平的诉求，构建了行政管理制度、民众参与制度和民主监督制度三位一体的高校信息公开的核心制度框架。[2] 余斌认为，应当建立起高校信息公开的评估和监督机制，对信息公开情况进行检查、考核和评估，落实责任人及其行政、法律责任，将高校信息公开工作成果作为对高校经费投入的依据之一；应当建立高校信息库，拓展信息公开的渠道。[3]

三、高校信息公开的实施

对于高校信息公开实施情况的研究，国内学者主要是对高校通过官方网站和信息公开网公开信息的情况进行调查。马海群、吕红调查发现，我国高校信息公开网站开通率较低，在网站外部属性、内部属性、依申请公开、用户和网络效应五大属性上都存在一定问题[4]；贺延辉发现我国高校信息公开总体水平较低，不同地区的高校信息公开水平存在较大差异。[5] 饶彬、周丽霞、刘转平、中国社会科学院法学研究所分别对"985 工程大学"、"211 工程"大学、教育部直属高校的网络信息公开情况进行调研，总体来看，我国高校信息公开的内容还很不充分，办学层次高的大学信息公开情况相对较好。[6] 陈盈、李

---

①　李博，马海群.我国高校信息公开的特点、原则、主要问题及相关制度建设[J].现代情报，2011，31(3)：7 - 11.

②　周丽霞，杨志和.基于民众公平诉求的高校信息公开制度核心框架构建[J].情报资料工作，2012，3：004.

③　余斌.论高等学校信息公开制度[J].辽宁教育研究，2008(6)：39 - 41.

④　马海群，吕红.我国高校信息公开网站建设现状调查与优化对策[J].图书情报工作，2012(05)：128 - 133.

⑤　贺延辉.我国高校信息公开制度建设——基于高校网站的调查与分析[J].现代情报，2012，32(4)：25 - 30.

⑥　饶彬."985 工程"高校网站信息公开研究[D].华中科技大学，2013.

周丽霞，刘转平.我国高校信息公开网站建设状况调查报告[J].情报科学，2013(03)：113 - 116.

中国社会科学院法学研究所法治指数创新工程项目.中国高等教育透明度指数报告(2014)[M].北京：中国社会科学出版社，2015.

磊和杜俊萍、田洁分别对京津沪鲁冀辽 6 省市的本专科学校、山西省本科院校的财务信息公开进行调研，发现高校财务信息公开的主动性不高、公开滞后、公开渠道不顺畅、内容不完善，高校招生信息、教学质量信息公开的研究零星散见于期刊，数量较少。① 朱佳颖对 582所大学进行调查，发现仅有 89 所大学开设了信息公开网，大学信息公开网的建设呈现区域性分布的特征，东南沿海等经济发达地区以及高校集中的城市高校信息公开网站建设较好，其他地区的建设情况不够理想，还存在信息公开网站的公开栏目不够全面、信息检索功能缺失、信息分布零散无序等问题。②

克利夫兰(Cleveland)对信息公开法案在高校实施所产生的利与弊进行了探究，认为高校信息公开的实施面临着三难处境，需要在公共问责、保护个人隐私和大学自治之间寻求最佳平衡点。③ 加列戈(Gallego)等发现西班牙大学网站信息公开的主要内容包括财务信息、大学治理、社会责任、科研信息、教学活动、战略信息、联系信息，并考察网站的页面、用户友好性、导航功能以及网站结构。④ 加列戈(Gallego)等研究发现西班牙高校信息公开程度由高到低依次为教学与科研信息、学校管理信息、社会责任信息、大学战略规划，最低的是财务信息。⑤ 瑞德(Reader)以质性研究方法对美国俄亥俄州公立

① 陈盈，李磊.高校财务信息公开的现状探讨——基于高校预决算报表信息公开数据视角[J].教育财会研究，2014，25(3)：45-49.
杜俊萍，田洁.高校财务信息公开中的问题及对策——山西省高校财务信息公开情况调研[J].财会月刊，2014，17：004.
② 朱佳颖.大学信息公开——基于大学网站的调查研究[J].未来与发展，2013(4)：89-93.
③ BRAMAN S, CLEVELAND H. The Costs and Benefits of Openness: Sunshine Laws and Higher Education[J]. 1984.
④ GALLEGO - ALVAREZ I, RODR GUEZ - DOM NGUEZ L, GARC A - S NCHEZ I - M. Information disclosed online by Spanish universities: content and explanatory factors[J]. Online Information Review，2011，35(3)：360-385.
⑤ GALLEGO I, GARCIA I - M, RODRIGUEZ L. Universities' Websites: Disclosure Practices and the Revelation of Financial Information[J]. The International Journal of Digital Accounting Research，2009，9.

高校信息依申请公开的情况进行考察,发现在信息公开法案已经颁布的情况下,对该州高校申请信息公开依旧阻力重重。[①]　瑞德(Reader)注意到,高校信息公开可能威胁到师生员工的隐私,呼吁高校注意信息公开与个人隐私之间的平衡。伍德波利(Woodbury)在追溯美国伊利诺伊州高校信息公开发展历程的基础上,采用质性研究和定量研究相合的方法,向伊利诺伊州的 11 所公立高校发送信息公开申请,以高校回复申请的相关数据(是否回复、回复时间、收费情况、是否同意公开、公开信息的质量)衡量高校信息公开的实施情况,总结了各高校在信息公开中的特点,并采用访谈法深入了解高校回复信息公开申请的过程,发现有的高校数据造假,有的高校数据丢失而无法公开,缺乏专门的机构对 FOIA 的实施情况进行监督;当公众无法从高校获取满意信息时,诉诸法律费时费力。[②]　由于高校相较于政府机构具有特殊性,需要一定的自治权,它的核心任务之一是产出科研成果,因而在信息公开的实施过程中产生了特有的问题,朱勃(Jubb)调查了英国高校科研信息公开的实践情况,发现科研人员对于科研项目的相关信息具有很强的保密倾向。在研究中,尤其是质性研究的访谈、日志中涉及的被访者个人隐私的信息,以及与企业合作的科研项目中涉及的商业机密不适宜公开。此外,在科研过程中,一些数据和资料还未经检验,可能存在错误,一旦发布将造成不良影响,即使是可靠的数据信息,科研人员也会担心数据公开后被误读将有损个人和所在高校的名誉。他进而指出,法案中应当更加清晰地界定科研信息的公开范围,明确豁免公开的信息和应当公开的信息,高校要建立起一套完整的信息接收、组织、使用、更新、储存体

---

　　① 　READER B. University's FOI project yields scary results[J]. The Quill,2006,94(4):39 - 39.

　　② 　WOODBURY M C. A decade of decisions:an evaluation of the implementation of the Illinois Freedom of Information Act by public universities[D]. University of Illinois at Urbana-Champaign,1995.

系；高校也应当加强对科研人员的引导和培训，以促进其合理正确地公开信息。①

四、高校信息公开效果评价

信息公开效果评价是指"依据高校信息公开的客观事实和数据，按照既定的规范和程序，对信息公开的效果进行客观、公正和准确的评判"。② 一些学者运用一定的评价方法、量化指标及评价标准，对高校信息公开政策目标的实现程度进行综合评价。如周超、马海群基于模糊综合评价法，左晨、唐云天运用专家调查法、层次分析法构建了高校信息公开的绩效评价指标体系，再选取国内的部分高校用构建的评价体系进行评价，衡量高校信息公开的情况。③ 宾拓（Pinto）等对西班牙高校信息公开网站的信息内容、质量以及网站建设情况进行了评测，提出了评测网站信息质量的评估模型。④ 李博认为，用户满意度是高校信息公开工作效果的外在体现，在借鉴国内外有关用户满意度指数模型的基础上，采用 PLS 法构建我国高校网站信息公开用户满意度模型，用于高校信息公开的绩效评价。⑤ 总体来讲，当前学界构建的评价指标虽然不尽相同，但都是从公开的内容和网站形式建设两个方面设计评价指标，在权重的分配上，多采用专家调

---

① JUBB M. Freedom of Information in the UK and its Implications for Research in the Higher Education Sector[J]. International Journal of Digital Curation，2012，7(1)：57－71.

② 林杨.高校信息公开内容与效果评价研究[D].黑龙江大学，2013.

③ 周超，马海群.基于模糊综合评价法的高校信息公开绩效评价研究[J].图书馆理论与实践，2014(02)：6－10.
左晨.我国高校网站信息公开效果评价研究[D].黑龙江大学，2013.
唐云天.高校信息公开评价指标体系构建与实证研究[D].黑龙江大学，2014.

④ PINTO M，GUERRERO D，FERN NDEZ－RAMOS A，DOUCET A－V. Information provided by Spanish university websites on their assessment and quality processes[J]. Scientometrics，2009，81(1)：265－289.

⑤ 李博.基于用户满意度的高校网站信息公开绩效评价研究[D].黑龙江大学，2013.
李博，马海群.基于 SEM 的高校网站信息公开用户满意度测评模型校验[J].图书馆理论与实践，2014(01)：5－8.

查法和层次分析法。

另一个视角是调查公众对高校信息公开的评价,主要是通过调查问卷的方式,调查公众对于高校信息公开的了解、认识、态度、满意度等。如吕红、马海群调查大学生、教师、学生家长、政府官员以及其他公众对高校信息公开的内容需求、满意度及评价[①],刘磊等选取南京市 10 所高校的在校生进行调查,发现他们对各项信息的需求程度由高到低依次为:教学管理、学生工作、学校概况、重大改革与决策、科研管理、国际合作与交流、后勤保障、财务管理、人事任免、物资采购、资产管理、校园安全,仅有 1%的学生表示对高校信息公开的情况表示满意。[②] 李珂选取合肥地区的五所高校,调查高校的在校学生、教职员工以及校外公众对这些学校信息公开工作的评价,发现总体来看,师生员工和社会公众对于高校信息公开工作不够满意,部分被调查者对高校所公开信息的真实性、准确性表示怀疑,28%的被调查者认为高校信息公开得不够及时,高达 58%的公众认为公开的渠道、设施不够便利,导致公开效率低下,并且信息公开的主动性欠佳。根据调查的结果,总结出当前我国高校信息公开中,公开的对象常常局限于学校内部,而对社会公众公开的信息则很有限;信息公开流于形式而缺乏实质性内容,缺乏稳定性、主动性。[③]

五、高校信息公开国际比较

这部分的研究数量较少,姚金菊、马海群、张金丽梳理了美国、英国、日本、澳大利亚和加拿大的高校信息公开法律制度,美国各州对于高校信息公开立法不尽相同,对于大学是否适用于本州的信息公

---

① 吕红,马海群.我国高校信息公开公众响应情况及意识需求调查分析报告[J].现代情报,2011(03):12-17+22.

② 刘磊,魏丹,王浩.大学生对高校信息公开的反应——基于南京市的调查分析[J].大学图书馆学报,2010(01):105-110.

③ 李珂.高等学校信息公开的研究[D].安徽大学,2011.

开法律也有不同的规定。对于信息公开范围这一难题，美国分为特殊信息、一般信息、个人信息以及保密信息，对这四类信息公开的程度加以区别；而英国的特色在于设立了信息专员监督高校信息公开工作，且高校采用信息公开指南（*Publication Scheme*）为模板，积极主动地向公众提供日常信息。日本还针对高校具体领域的信息公开出台了相应的法律，例如财务信息公开对应的法律《国立大学法人会计基准》。加拿大高校信息公开制度的特点是全面、系统，并突出了董事会在信息公开中的责任以确保有效实施[①]；施晓光、李俊分析了中央和地方教育管理部门在高校信息公开监管中的权力分配，指出三国的高校信息公开都具有法律政策多层多样、公开内容覆盖广泛、豁免公开的范围明确的特点[②]；刘敏榕分析了英国的高校信息公开模板（*Publication Scheme*）[③]；陆斐选取赫尔辛基大学的案例，介绍了芬兰大学信息公开的范围、方式和救济机制，以及芬兰大学信息公开政策的制定到信息公开实践的具体过程[④]；日本学者 Yamazaki 研究美国公立高校信息公开的标准化模板。[⑤] 通过对国外高校的信息公开进行分析比较，得出了一些启示：充分认识高校信息公开的复杂性，积极稳妥地推进；我国高校信息公开的制度体系的完备性、权威性和可操作性仍然有待加强；招生和财务公开等高校信息的透明度有待提高。

---

① 张金丽.高校信息公开及其法律规范[D].苏州大学,2014.
马海群.国外大学信息公开制度建设及对我国的启示[J].中国高教研究,2009(9)：50 - 52.
② 施晓光,李俊.美国,英国,日本高等学校信息公开研究[J].国家教育行政学院学报,2014,7：018.
③ 刘敏榕.英国大学 Publication Scheme 对我国高校信息公开的启示[J].福州大学学报：哲学社会科学版,2011(1)：108 - 111.
④ 陆斐.芬兰大学信息公开研究[J].中国教育法制评论,2012：018.
⑤ YAMAZAKI S. Information disclosure based on standardized format for public higher education in America[J]. Journal of Information Processing and Management, 2011, 54：335 - 344.

第三节 国内外研究现状述评

当前,国内外对于信息公开的研究都主要集中于政府信息公开领域,主要包括:

（1）对于信息公开的理论基础进行论证,指出信息公开是实现人民主权、保障公民知情权等基本权利的基础和前提。

（2）20 世纪中后期,尤其是进入 21 世纪以来,信息公开已经成为席卷全球的世界性趋势,学者对世界各国促进信息公开的政策行动、法律法规进行梳理,对政策行动、立法现状进行介绍、总结、分析与比较,得出信息公开的基本制度架构,对信息公开的主体、内容、方式、监督与救济等方面都进行了较为深入系统的讨论。

（3）关注信息公开的实施情况,对不同国家的信息公开现状进行调查和描述,包括信息公开的申请数量、公开的信息数量、信息公开的花费、公共部门公开信息时的收费情况,有的学者采用访谈或者调查问卷的方法,从信息公开的决策者、执行者、监督者、使用者等多个视角考察信息公开的落实情况。

（4）一些学者关注信息公开所产生的影响,部分是从理论思辨的角度分析,认为信息公开理论上能够起到提高公共职能部门的透明度、开放性,增强对公共职能部门的问责,提高政府决策的质量,增进公众对政府决策的理解,提高公众的政治参与率、增强公众对政府的信任感、促进公共治理、减少腐败等作用,而部分学者通过实证研究,得出的结论却并不十分乐观,信息公开在不同国家、不同社会环境中所发挥的作用各异,有时甚至会产生负面影响,这启发我们要结合具体情境灵活地发挥信息公开的作用,不能采取"拿来主义",照搬发达国家的模式。

（5）信息公开是一项任重而道远的使命,学界对于当前信息公开实施中存在的阻碍因素也有所论述。

国内外对于高校信息公开的研究数量不多。国外专门研究高校信息公开的文献寥寥无几，相较于国外，国内学界对于高校信息公开的研究要丰富一些，主要集中于对高校信息公开的基本理论（理论基础、基本原则、内蕴价值等）、制度建设、实施现状、实施效果评价以及国际比较等方面。

尽管国内外学界对于信息公开的研究已经取得了一些成果，但仍然有许多尚待深入探讨和挖掘的地方。首先，在研究主题方面，行政领域的信息公开，尤其是政府信息公开是国内外学者关注的焦点。当前，信息公开的义务主体范围已经从国家机关逐渐拓展到了其他行使公共权力的组织，如前文所述，许多国家的信息公开立法中明确规定了这些组织的信息公开义务，而目前学界对于这些非行政机关的信息公开情况关注度不高。由于高校自身的公益性特征和在社会经济发展中扮演的重要角色，以及高校作为学术团体的特殊性，其信息公开情况应当被学界重视。然而，国外对于高校信息公开的研究数量还比较稀少。我国于 2010 年颁布的《高等学校信息公开办法》引起了广泛的关注，国内学界开始关注高校信息公开，该领域的研究数量在近五年迅速增长[103]，但作为一个新兴的研究领域，高校信息公开还有广阔的研究空间。

目前的研究以理论思辨研究居多，在高校信息公开的基本理论、制度建设与完善方面取得了相对丰富的研究成果，以实证研究方法探究高校信息公开实践情况的研究较少。对于高校信息公开政策应然状态的探讨已经较为深入，但是对政策实施的实然状态研究尚有较大的发展空间。如果没有周密完善的制度框架，信息公开工作将缺乏规范指导，致使公开效率低下；而再完善的制度如果不能有效执行，也只是一纸空文。为数不多的对高校信息公开实施情况的研究还存在着局限性，一是研究对象的局限性，多是选取某一地区、某一层次或者抽样选取部分高校进行研究，研究对象数量不足，代表性和可推广性有所欠缺，现有研究无法描述我国高校信息公开实施状况的整体图景。二是研究内容的局限性，目前学者主要关注的领域是财务信息公开、招生信息公开，对于《办法》中所规定的其他领域的信息公开关注不够。此外，当前对于高校信息公开的研究多是从信息学、法学等视角出发，对于高校财务信息公开的研究则多从财务管理的视角出发，少有研究从高校发展与管理的角度分析、看待高校信息公开的问题，这与高校信息公开的研究者的学科背景有关，目前研究者的学科背景多为信息管理、法学专业，而高等教育学方向的研究者还较少涉及这一研究主题。

另一方面，本研究的初步调查显示，英美高校透明度高，信息公开的实践经验丰富，但是目前关于高校信息公开国际比较的研究数量较少，现有的研究也多是停留在简单的法规制度介绍层面，缺乏对于国外高校信息公开实践状况的深入考察。

基于以上考虑，本研究拟采用实证研究方法，拓展我国高校信息公开实施现状的研究对象和研究内容，全面调查我国本科高校对于《办法》规定高校应当公开的各领域信息的公开情况，分析我国高校信息公开的现状，不仅为进一步开展理论研究提供实证依据，也有利于决策部门有计划、有重点地安排高校信息公开的下一步工作，为完善高校信息公开政策提供参考。在此基础上，探究英美高校信息公开的政策以及政策实施现状，深入考察国外高校信息公开的方式以及公开的内容，并与我国高校进行比较，以期有所借鉴。

第三章 本书研究框架

第一节 研究目的与价值

公开、透明是现代公共治理的世界性趋势,高校实行信息公开对于高校自身乃至社会经济的发展具有重大意义。一方面,高校在办学中形成了多层次、多路径的信息收集系统,积累成为宝贵的信息库,信息公开有利于提高信息资源的利用效益,实现公共信息资源的合理配置,使公民平等地享有高校信息的知情权,促进高等教育机会公平。另一方面,高校信息公开能够打破信息的封闭,发挥社会公众对高校的监督作用,防治近年来蔓延的高校腐败问题;有利于利益相关者获取高校信息,从而合理有序地参与大学治理;高等教育大众化趋势下,高等教育的受众愈加广泛,与社会公众的切身利益联系更加密切,公众对于高校信息的知情意愿也更加强烈,高校顺应时势公开信息,打造"阳光高校",能够有力地提升其社会公信力。社会公信力是高校软实力的重要组成部分,有利于高校的可持续发展。

然而我国高校信息公开政策还有哪些有待完善之处,我国的高校信息公开实施现状如何、存在哪些不足之处、与国外高校存在哪些异同、应当从何处着手提高等问题,都需要进行实证分析和比较研究。本书旨在探究国内外高校信息公开的实际情况,将实际信息转化为可靠的、知识性的依据,总结我国高校信息公开已取得的成果和存在的不足之处，为高校信息公开的政策完善提供借鉴，并指导我国高校信息公开的深入实践。

基于研究目的，本研究将聚焦以下三个研究问题：

（1）英国、美国的高校信息公开政策是怎样的？有哪些可供我国借鉴的地方？

（2）英国、美国的高校信息公开的方式、公开的内容、公开的程度是怎样的？与我国存在哪些异同？

（3）我国本科高校以何种方式公开信息？公开了哪些信息？公开的程度如何？是否达到了《高等学校信息公开办法》的相关要素？

目前学界对于国内高校信息公开的理论研究已经取得一些进展，但以经验思辨为主，缺乏实地调查和数据支撑，研究还停留在表层；对于国外高校信息公开的研究主要是零散的政策介绍，理论研究缺乏系统性、深入性。高校信息公开的涉及面广，必须进行系统性研究才能得出有价值的理论。本书着眼于国内外高校信息公开政策与实践，深入分析当前国内外高校信息公开的现状，为进一步开展高校信息公开的理论研究提供实证依据，有利于理论研究的扎实、深入开展。

2014 年，我国高等教育的毛入学率达到 37.5%[①]，根据马丁·特罗的高等教育"三阶段"理论，我国高等教育已经完成了从精英向大众的转型，越来越多的公众接受到高等教育，高等教育的受众从之前的少数精英群体扩大到了社会大众，所牵涉的利益相关者比以前广泛了许多[②]，社会大众对于大学的运营情况有了更加强烈的知情意识。本书有助于公众对我国本科高校信息的公开情况有一个宏观的

---

① 教育部.2014 年全国教育事业发展统计公报[1][EB/OL][2015 - 09 - 02] http://www.moe.gov.cn/jyb_xwfb/gzdt_gzdt/s5987/201507/t20150730_196698.html.

② TROW M. Reflections on the transition from elite to mass to universal access: Forms and phases of higher education in modern societies since WWII[M]//International handbook of higher education. Springer，2007：243 - 280.

了解，增进公众对高校的认识，以便对高校的办学情况进行监督；有利于增加公众对高校的信任感，加强高校与社会公众的沟通和交流，形成双方的良性互动，提高高校对外部社会的适应性。

2007 年，联合国教科文组织发布了题为《腐败的校园：我们何去何从》(*Corrupt Schools，Corrupt Universities：What Can Be Done*)的报告，其中指出，高等教育的腐败问题在世界范围内有蔓延的趋势，并就教育腐败的治理为管理者提出了建议，其中就包括建立透明的监管制度。[①] 要发挥教育管理部门、学生、教职工和公众等各方的监管作用，就必须先了解高校的办学行为，获取必要的信息，才能合理有效地进行监督。从本研究的结果中分析，高校公开程度较低的信息往往是容易滋生高校腐败的暗角，这样可以使各方有针对性、有重点地对高校的公共权力进行监督，从而有的放矢地预防和治理高等教育系统的腐败现象。

通过研究我国本科高校信息公开的实施现状，发现已经取得的成果和存在的不足之处；通过研究国外高校信息公开的实践，了解国内外高校在信息公开中的异同，从而多角度地认识信息公开的必要性和价值。

第二节　理　论　基　础

一、公共政策评估理论

公共政策评估理论起源于政策科学理论，根据罗西（Rossi）与福利曼（Freeman）的定义，公共政策评估是指"系统地运用社会研究程

---

①　HALLAK J，POISSON M. Corrupt schools，corrupt universities：What can be done?[M]. International Institute for Education Planning，2007.

序,以评量社会干预计划的概念化、设计、执行及效用"。[1] 美国公共行政学者罗森布卢姆(Rosenbloom)指出,公共政策评估的目的在于检验政策的执行是否妥当,即通过一定的方法明确某项公共政策是否发挥了具体的作用,以及在多大程度上发挥了作用,并进一步了解政策措施与政策影响之间的因果关系,为政策的控制、修正和优化提供依据。[2] 制定的政策究竟好不好,政策实施后有没有达到既定的效果,公众的回应如何,这些都不能凭主观意愿来衡量,必须通过严格的程序、科学的手段加以客观评估才能得出结论。政策评估有利于决定政策的循环形式,如果一个政策是好的,执行也很有成效,政策循环的方式就是政策延续;如果在政策执行的过程中发现了问题,政策循环的方式就是政策革新或者政策终止。政策制定者可以通过公共政策评估,较为及时地发现政策实施过程中存在的问题、偏差,从而及时纠正,保证政策的科学实施。它是政策分析的重要组成部分,是一种具有特定的标准、方法和程序的专门研究活动。

公共政策评估是对政策全过程的评估,既包括对政策方案的评估,还强调对于政策执行和政策结果的评估。方案的评估即是对政策内容的评估,这种评估只是对于政策本身的合理性进行分析,还不是现实的结论;执行评估是对政策实施状况进行的评估,虽然这里的政策执行还未结束,但政策推行的效果、效率、效益已经表现出来,特别是政策方案中存在的缺陷、政策资源配置中的问题、政策环境中某些条件的改变,都已经暴露出来。这种评估的优点在于,评估中所获取的资料都是即时的、具体的,评估的结论是真实的、可靠的。另外,评估的结果也能立即和直接产生作用,用来对正在执行中的政策进

① ROSSI P H, LIPSEY M W, FREEMAN H E. Evaluation: A systematic approach [M]. Sage publications, 2003.

② ROSENBLOOM D H, GOLDMAN D D, WAYNE S. Public administration: Understanding management, politics, and law in the public sector[M]. McGraw-Hill New York, 1993.

行调整。但执行中的评估只是对进行中的一定过程所做的评定,由于过程并未结束,所以评估带有过渡的、暂时的性质。政策结果评估是指政策已经执行完毕后,政策的最终效果、效率、效益已经成为客观存在,评估的结论是对政策全过程的总结。这种评估要求对政策全过程有充分的认识,对政策实施后的结果有全面的把握,对以往的方案评估、执行评估有详尽的了解。

公共政策评估的类型不同,评估步骤也不尽一致,一般情况下,科学的评估都包括三个阶段:

(1)准备阶段,这一阶段的主要任务有确定评估对象,即要评估什么;制定评估方案;挑选和培训评估人员,因为政策评估人员的个人素质及其对评估的态度会对评估质量产生直接的影响。

(2)实施阶段,这一阶段是整个政策评估的核心,主要任务是通过多种调查方法,全面收集政策制定、政策执行、政策效益等信息,并对这些信息进行系统的分类、整理、统计与分析,最终得出评估结论。

(3)结束阶段,这一阶段主要是处理评估结果,撰写评估报告,评估结果不可避免地会带有评估者的个人价值判断,但可以通过审查评估过程提高信效度,并需要对评估方法以及评估过程中的主要问题加以说明。[①]

以《高等学校信息公开办法》的颁布和实施为标志,高校信息公开政策于 2010 年开始在我国实行。本研究中,我国高校信息公开政策是被评估的对象,包括对政策方案的评估(我国高校信息公开政策)和对政策执行的评估(我国高校信息公开的实施情况),这是本研究关注的核心问题。其中,对于政策方案的评估是通过国际比较的方法进行,即通过与英国、美国的高校信息公开政策进行比较,发现我国高校信息公开政策的优势和不足;对于政策执行的评估是通过国际比较以及政策对照两种方法进行,一方面与研究信息透明度较

---

① 陈振明.公共政策分析[M].中国人民大学出版社,2003.

高的国外高校进行比较,另一方面与《办法》中的要求进行对照,检查政策落实情况。

二、信息公开四要素理论

我国学者朱科蓉提出,信息公开的组成要素包括公开主体、公开内容、公开方式、监督与救济四个方面。信息公开的主体又分为权利主体和义务主体,权利主体是指谁有权获取这些信息,高校信息公开的权利主体一般为全体公民,义务主体是哪些组织或个人有义务公开信息,在高校信息公开中,表现为哪些高校负有公开信息的义务,公立高校接受国家财政性资助,一般都负有信息公开义务,而对于私立是否为信息公开的义务主体,各国的规定并不相同。公开的内容即义务主体所持有的信息中,应当对权利主体公开的部分。在信息公开过程中,义务主体把应当公布的信息和排除在公开范围之外的信息分开来,即使持有的信息相同,不同的权利主体向不同的义务主体公开的内容也不尽一致。① 国外的立法中,对于信息公开内容的规定一般是列举出可以不予公开的信息,其余信息都为应该公开的内容。这是因为信息公开的内容一般来说十分广泛,很难一一列举出来,所以采取排除法。从各国立法和实践情况看,信息公开的方式有主动公开和依申请公开两种,信息公开的义务主体要通过法定的方式向公众公开一些特定的信息,让公众能够获取。由于信息十分庞杂,事无巨细地公开很难实现,且个体对于信息的需求不同,全部公开会增加公开机构的负担,产生大量的成本,导致效率低下。因此,依申请公开成为公众获取信息的另一种途径。在申请人提出申请后,信息公开的义务主体依照法律规定,公开除主动公开的信息以外的内容。义务主体对属于公开范围、在职责范围内的信息都应予以公开,对于法律规定不予公开的信息有权拒绝。为保障信息公开的

---

① 马怀德.公立高校信息公开研究[M].中国法制出版社,2012.

落实,需要建立监督与救济机制。日本设立了信息公开审查会,为信息公开提供咨询;英国设有信息裁判所,是独立于行政系统的准司法性裁判机构,解决信息公开领域中较为专业化的争议;新西兰《政府公开法》要求在议会监察专员中专门设立信息监察专员。行政复议制度是行政机构中的救济制度,也适用于信息公开中义务主体和权利主体的争议解决和权利救济,而司法救济是最后一道保障。

根据这一理论,在本研究中,对于高校信息公开政策方案的研究从公开主体、公开内容、公开方式三个维度展开;对于高校信息公开运行方式的研究从公开内容、公开方式(包括主动公开和依申请公开)两个维度展开。由于本研究的研究对象是高校,因此不涉及上级监管机构以及第三方的监督救济问题,并且目前我国还未设有专门高校信息公开的统一监管机构,所以仅从主体、内容、方式三个维度进行分析。

第三节　研究内容与方法

一、研究内容

高校信息公开是一项公共政策,根据公共政策理论的观点,政策的制定和完善需要以知识管理为基础。所谓的知识管理,是通过严谨的学术研究方法对原始信息进行加工,从收集文字、数字、图片等数据,到梳理整合构建数据关系,得出有效信息,进行信息分析;再到结合实践经验形成知识回应实践。本研究在对国内外高校信息公开"从数据、到信息、到知识"的认知过程中,层层深入,形成描述证据、分析证据和批判证据,回应高校信息公开的现实状况,支撑高校信息公开政策的剖析和完善。具体而言,将研究以下四个方面的内容:

1. 中外高校信息公开政策研究

这一部分主要研究英国、美国针对高校信息公开出台的政策法规，分析其政策体系，深入探究其中关于高校信息公开的主体、方式、内容的规定，并与我国进行比较分析，为研究高校信息公开的实践奠定基础。

2. 我国高校信息公开的实践情况

这一部分主要研究四个方面的内容：

（1）我国高校如何公开信息（信息公开的方式）。《高等学校信息公开办法》中规定高校信息公开的方式为：主动公开和依申请公开相结合。主动公开方面，探究高校信息公开的渠道是否顺畅、有效。目前高校信息公开的主要渠道为网络公开，《高等学校信息公开办法》要求高校建立起信息公开网站，本研究将调查我国高校信息公开网站的开通情况、已开通网站的建设情况；依申请公开方面，探究高校是否提供了公民申请信息公开的途径、提供了哪些途径，以及是否按照规定及时对公民的申请做出回复。

（2）我国高校公开了哪些信息（信息公开的内容）。调查我国的本科高校通过其信息公开渠道对外公开了哪些信息，总结这些公开的信息分属于哪些领域，分析高校对于不同领域的信息，例如基本信息、教学质量信息、人事师资信息的公开情况，以及是否达到了《高等学校信息公开办法》的要求。了解目前我国高校哪些信息的透明度较高，哪些信息仍处于暗角。对于公民依法申请公开的信息，高校是否予以公开。

（3）我国高校信息公开的程度如何。探究高校对特定信息，尤其是对公众关注度高、较为敏感的信息（例如财务信息、招生考试信息）公开的规范和丰富程度，是否存在名实不符的虚假公开，或是信息公开避重就轻等不良现象。在上述研究的基础上，将高校按照地域和办学层次划分，探究不同地域和不同层次的高校信息的透明度。

3. 国外高校信息公开的实践情况

按照对我国高校信息公开实践情况的研究思路，研究英国和美国高校的信息公开方式、公开内容和公开程度。不同于国内部分，这一部分将选取典型案例，以院校为单位展开研究。

4. 中外高校信息公开比较与借鉴

在前三个部分研究的基础上，分析我国和国外高校信息公开政策的异同之处，分析我国高校信息公开的实践是否达到了《高等学校信息办法》的要求；分析我国高校在信息公开方式、公开内容和公开程度上与国外高校有何异同：相较于国外高校，信息公开的方式存在哪些有待改进之处，我国高校未公开哪些信息、哪些信息公开的深度还有待加强，国外高校信息公开的哪些长处能够借鉴到我国的实践中，以有效提升我国高校的透明度。在此基础上建立起高校信息公开的规范化模型，以完善现有的高校信息公开规定，指导高校信息公开的实践工作。

二、研究方法

本研究为实证研究，即通过所观察到的或者实验得到的数据来进行分析。社会科学的实证研究方法可以分为定量研究和质性研究两类。定量研究背后的认识论基础是客观主义，认为世界是客观的，因而是可以测量的；质性研究方法的认识论基础是建构主义，认为世界是由个体认知建构的。[①] 本研究采用混合研究方法，将定量研究与质性研究相结合，具体而言，将综合运用以下四种研究方法：

（1）调查研究法（Investigation Study）。使用调查表对于我国的1 219 所本科高校通过官方网站、信息公开网站所公开的信息进行数据收集，进而整理和统计，衡量我国高校信息的透明度，以及信息公开的特征，勾勒出我国高校信息公开现状的宏观图景。依申请公开部分采用实测的方式，向所有已建立依申请公开机制的高校发送信

---

① CRESWELL J W. Educational research：Planning，conducting，and evaluating quantitative[M]. Prentice Hall，2002.

息公开申请,考察分析高校的答复情况。

（2）案例研究法（Case Study）。对于国内高校的研究覆盖面广,侧重于了解我国高校信息公开的全貌,重点在于研究的广度。而对于国外的研究则采用选取典型案例,对国外高校信息公开的运行模式进行深入挖掘和分析,重点在于研究的深度,二者相辅相成,使研究的结论更加全面、深入、扎实。

（3）比较分析法（Comparative Study）。由于各国的社会环境、国家政策以及高校自身属性的不同,不同国家的高校信息公开的实际情况存在明显差异,为我们多角度地比较我国与其他国家的高校在信息公开中的不同提供了条件。

（4）内容分析法（Content Analysis）。内容分析法本质上属于专门从文本中搜集信息进行实证的分析方法[①],对研究对象的内容进行深入的分析、透过现象看本质、目的是弄清文献中所具有的本质或事实。[②] 本研究中,对于国外高校信息公开政策的研究,以及从高校公开的年度报告、年度财务报告中获取资料,都需要运用这一方法。

本研究国内部分的研究对象为 1 219 所本科高校。根据教育部发布的《2015 年全国高等学校名单》,截至 2015 年 5 月 21 日,我国共有高等学校 2 845 所,其中普通高等学校 2 553 所,成人高等学校 292 所。普通高等学校中,本科层次的高等学校有 1 219 所,专科层次的高等学校有 1 334 所。《办法》规定大学、独立设置的学院和高等专科学校,包括高等职业学校和成人高等学校都有信息公开的义务。由于我国高校信息公开工作刚刚起步,本科高校总体上比专科学校在信息的整合发布方面更加规范,数据可得性强。虽然本科高校数量略低于专科学校,但是 2014 年本科学校的校均规模为 14 342 人,远

---

① 邱均平,邹菲.关于内容分析法的研究[J].中国图书馆学报,2004,30(2)：12-17.
② HSIEH H-F, SHANNON S E. Three approaches to qualitative content analysis [J]. Qualitative health research, 2005, 15(9)：1277-1288.

高于专科（高职）院校的 6 057 人[①]，本科学校牵涉的利益群体更加广泛。基于以上考虑，本研究选取全国 1 219 所本科高校作为研究对象，从地域上，涵盖了除香港、澳门特别行政区和台湾地区以外的 34 个省份，从办学层次上，包括了"985 工程"高校、未入选"985 工程"的"211 工程"高校，非"985"、"211"工程的本科学校以及独立学院，包含了部属高校和地方高校；办学性质上，既包括由国家兴办、主要由国家财政性经费支持的公立高校，也包括了其他社会组织及个人举办的、不依靠国家财政性经费的民办高校。本研究的研究对象为全国（除港澳台）所有本科院校，因此不存在抽样问题。

英国和美国是世界上高等教育最发达的两个国家，相关学者的初步研究显示，英国和美国的高校信息透明度较高，因此本研究将对英国和美国的高校信息公开情况进行探究。从国家层面分析两国的高校信息公开政策，从院校层面分析两国高校信息公开的实际运行状况。

剑桥大学是英国最负盛名的大学之一，2000 年信息公开法案颁布以后，学校顺势开展了信息公开工作。北京大学作为中国最顶尖的高校之一，2010 年《高等学校信息公开办法》颁布后，其信息公开工作也在逐渐推进。美国的高等教育体系中，公立高校与私立高校并行，联邦及各州的信息公开法律主要约束公立高校的信息公开工作。不过，美国的高等教育起源于私立学院，一些顶尖高校如哈佛大学、耶鲁大学、斯坦福大学、麻省理工学院等皆为私立高校，私立高校数量众多，在美国的高等教育体系中占据了重要地位。因此，尽管美国的联邦法律和各州的信息公开法案一般未将私立高校纳入信息公开的主体之内，对私立高校的信息公开进行研究也十分必要。本研究拟选取公立和私立各一所高校作为典型案例，公立高校选取伊利

---

① 教育部.普通高等学校的校均规模［EB/OL］［2015－09－03］http://www.moe.gov.cn/s78/A03/moe_560/jytjsj_2014/2014_qg/201509/t20150901_204566.html.

诺伊大学(University of Illinois),伊利诺伊大学是美国伊利诺伊州的一个大学系统,包括厄巴纳-香槟分校(University of Illinois at Urbana-Champaign)、芝加哥分校(University of Illinois at Chicago)、春田分校(University of Illinois at Springfield),皆为美国知名的公立大学,其中厄巴纳-香槟分校与密西根大学、加州大学伯克利分校并称为美国最著名的三所公立大学。虽然3个分校相互独立,但他们的信息公开工作都由伊利诺伊大学对外关系办公室(The Office for University Relations)统一负责,所以本研究中将伊利诺伊大学视为一个整体,研究其信息公开情况。哈佛大学是美国最早的私立大学之一,其教学和科研水平在全美乃至世界范围内享有盛誉,本研究选取哈佛大学作为美国私立高校的代表,探析其信息公开情况。

因此,本研究最终选取中国北京大学,英国剑桥大学以及美国哈佛大学、伊利诺伊大学作为案例,对四所学校的信息公开运行情况进行分析和比较。

第四节 研 究 方 案

前文"理论基础"部分已经论及,公共政策评估可以划分为方案评估和执行评估,在本研究中,方案评估即是对高校信息公开政策的评估,主要通过对英国和美国的高校信息公开政策文本进行内容分析,梳理两国的高校信息公开政策结构,并深入分析信息公开的主体、方式、内容。执行评估即是对英美以及我国高校的信息公开实践进行研究,英美研究旨在借鉴国外的先进经验,侧重于"取人之长";国内部分的研究旨在通过与《办法》中的要求进行对照,了解现状,分析现状,发现不足,查漏补缺,侧重于"补己之短"。国外部分通过选取典型案例的方式,对英国剑桥大学、美国哈佛大学和伊利诺伊大学进行案例研究,再与我国北京大学进行比较分析;国内部分通过调查研究的方式，对 1 219 所本科高校进行普查，使用《高校信息公开调查表》进行数据收集，以数据为基础了解我国高校信息公开的情况。国内和国外的执行评估都将主要从公开平台、公开方式、公开内容三个维度展开。具体研究框架见图 3-1：

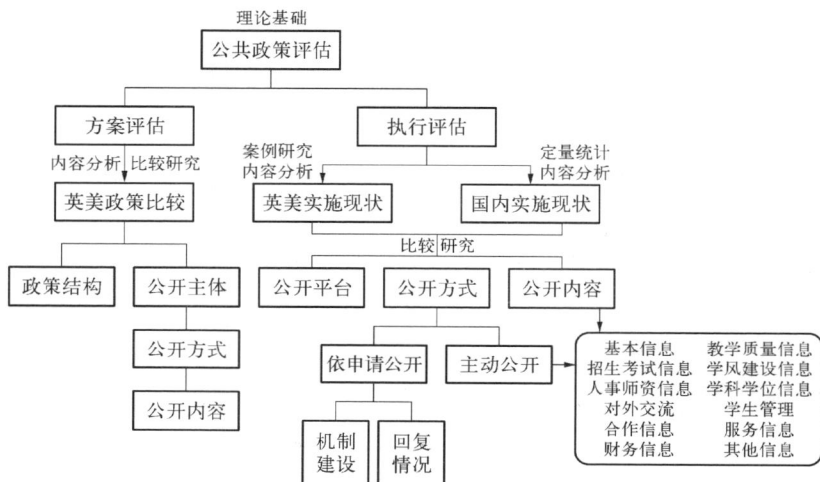

图 3-1　研究框架示意图

方案评估部分主要是收集英美有关高校信息公开的政策文本，进行内容分析。

执行评估分为国外和国内两部分。对国外的研究主要是从三所高校的主要信息发布载体，剑桥大学：《剑桥大学信息公开清单》（*Model Publication Scheme*）、《董事会年度报告》（*Annual Report of the Council*）、《年度报告》（*Annual Report of the General Board*）、《年度财务报告》（*Reports and Financial Statements*），以及大学数据网（Unistats）；哈佛大学：《哈佛大学资料手册》（*Harvard University Fact Book*）、哈佛大学常用数据库（Harvard Common Data Set）、年度财务报告、高等教育数据库（Integrated Postsecondary Education Data System，IPEDS）；伊利诺伊大学：年度数据概览（Pocket Facts），

常用数据库(Common Data Set)、校园印象(Campus Profile)、高等教育数据系统(Integrated Postsecondary Education Data System, IPEDS)中分析信息公开的内容；从剑桥大学信息公开专栏、伊利诺伊大学信息公开专栏、哈佛大学官方网站分析信息公开的方式。

对于国内执行情况的研究主要是收集全国本科院校的信息公开数据，包括公开平台、主动公开的内容、依申请公开三部分(详见本书第五章中的《高校信息公开调查表》)。收集方法是依据高校信息公开调查表列出的各项信息，到高校的信息公开网站(如有)或官方网站检索，考察高校是否公开了该项信息。对于依申请公开情况，采用观察和实际测验相结合的方法。在高校门户网站观测是否提供申请信息公开的途径，提供了哪些途径。再按照高校提供的申请渠道，按照要求发送信息公开申请，测验高校的回复情况。对收集上来的数据进行录入、整理，剔除无效数据，然后进行数据的统计与分析。

第五节　关于研究架构的思考

一、研究的信度与效度

信度(Reliability)是指测量结果具有一致性和稳定性。在本研究中，所有的文本材料都来自官方文件以及学校官方网站的数据信息，皆为一手资料，有效提高了研究的信度。数据收集部分，对于调查表中各个指标的含义进行清晰、严格的界定，数据收集人员充分理解指标的含义，严格按照统一的标准判定信息是否公开；为了提高研究的信度，由两位研究者对题项进行评判，相互印证、核对，最大限度地提高研究的信度。在数据录入与编码时，通过反复核查避免错误和疏漏。

研究的效度(Validity)指研究结果的有效与准确程度。在本研究中,效度问题主要涉及数据收集工具的效度。研究所使用的工具——高校信息公开调查表的指标和结构主要是根据《办法》和《清单》中的规定设计的,每项指标都有对应的法律依据。设计后又交由专家进行判断,提出意见,因而能够有效地衡量高校信息公开的现状。《中国高等教育透明度指数报告》和《2014年度高校信息公开情况评价报告》中,也主要以《办法》和《清单》为依据,对我国部分高校的信息公开情况进行调查,因此,研究工具的效度已经得到一定验证。

二、伦理问题

在研究过程中将严格保障研究对象的权益,遵守诚信原则,在依申请公开部分向高校说明调查者的身份、研究目的、研究方法和研究用途等信息,并且客观、公正地分析数据,不滥用数据、不伪造数据,保证收集到的信息除了用于本研究以外,不被他用。本研究从公开渠道获取研究所需的数据,研究对象为高校,研究的内容是高校应当依法公开的信息,因此不涉及隐私问题。依申请公开部分严格按照规定的途径和要求申请公开,以免增加高校信息公开责任机构的负担。本研究向高校申请公开的信息为"贵校2013年度接受捐赠资产的来源、金额以及支出用途和金额",该项信息在《办法》要求公开的范围内,适宜公开,不会在研究中造成伦理问题。

三、研究的创新点、难点与可行性

目前,国内外对于信息公开的研究主要集中于政府信息公开领域,高等教育领域与公众利益息息相关,但是对于高校信息公开的研究相对较少。虽然已有学者对于我国高校信息公开的发展历程、立法状况、制度建设进行了探讨,但这些研究大多集中于理论层面。从宏观的角度,高校信息公开包括了信息公开的制度建设和实施,鉴于目前对于我国高校信息公开的制度建设已经做出了较为广泛、深入的讨论,本研究将关注我国高校信息公开的实践情况。

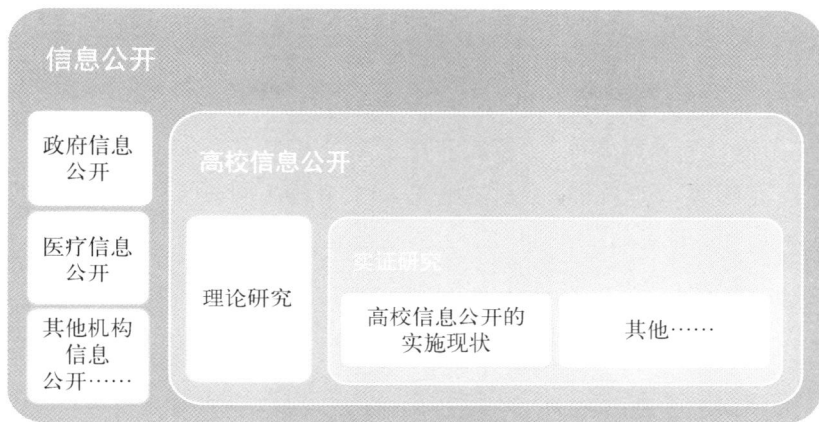

图 3‒2　信息公开研究现状示意图

　　高校信息公开的实施是一个有机整体,包括了信息的产生、信息的整合、信息的发布、信息的传播以及信息的接收五个主要部分(见图 3‒3)。当前对于我国高校信息公开实施现状的研究,多落脚于"信息接收",调查信息的接收者——公众对于信息公开的满意度,以此作为评价信息公开现状的依据。而"信息发布"是整个信息公开实施过程中承上启下的关键部分,信息公开的最终目的是让公众能够依法自由获取信息,信息收集得再全面、整合得再规范,如果只是掌握在少数人手中,不对外界发布,也只是虚有其表,信息的传播就成了无源之水,更遑论信息的接收,也就无法达到保障公众知情权、促进高校公开透明的目的。本研究从信息公开的义务主体——高校的角度调查信息公开的现状,丰富了研究的视角。

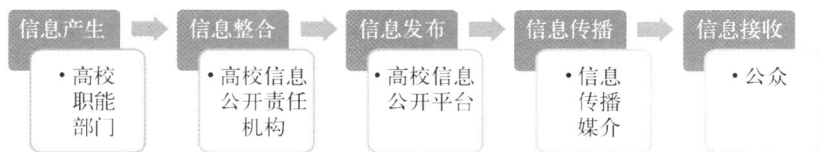

图 3‒3　高校信息公开过程示意图

在以往对于高校信息公开现状的研究中，研究者多关注高校信息公开的某一方面，如财务信息公开、招生信息公开，而本研究覆盖了《办法》规定的高校应当公开的所有信息，研究对象覆盖了我国1 219所普通本科院校，能够对我国本科院校究竟公开了多少信息、公开了哪些信息做出全景式的描述，观测我国不同地区、不同层次、不同性质的高校在信息公开中的差异，在研究的广度上是较大的拓展。

目前，有关高校信息公开的国际比较大多停留在对国外高校信息公开政策法规的介绍，较少有研究关注高校的个案，本研究选取英美的三所高校，考察其信息公开运行状况，从中汲取经验。

本研究的难点在于：

（1）国内部分数据的收集、整理与分析。由于这个部分采用实证研究中的定量研究方法，研究我国全部本科高校的信息公开现状，以往对于我国高校信息公开现状的研究覆盖的高校范围狭窄，多选取部分地区或者某一层次的高校进行研究，或研究高校某一类信息的公开情况，而本研究覆盖的高校范围广、覆盖的信息范围广，需要收集1 219所本科高校的9类信息公开数据，数据量大，信息庞杂，为数据的收集、整理以及后续的分析带来一定的难度。

（2）国外高校资料分析的严谨性。资料的翔实是比较研究的前提，国外高校的数据基本上是从官方网站收集的一手资料，来源具有可靠性，但是由于高校信息的多样性、复杂性、部分信息（例如财务信息）的专业性，以及一些概念可能存在的地域性差异，带来跨地域之间的可比较性较弱的问题，如何精准地对国外高校的资料进行分析并与国内情况比较是一个难点。

（3）中外高校信息公开实践的比较。中外高校即使公开了同一项信息，在公开的深度上也可能存在差异，这需要研究者深入挖掘，以免遗漏。

本研究具备可行性，从研究设计上，除了在应然层面上对高校信息公开政策进行分析之外，还运用调查研究方法、个案研究方法，对高校信息公开的实然状况进行研究,整个研究在逻辑上是统一和完整的;既有侧重于研究广度的大范围调查,也有侧重于研究深度的个案分析,两者相互支撑,相辅相成,为有效解决研究问题打下基础。数据资料方面,本研究中的资料皆为从公开渠道获取的官方一手资料,数据和文本资料的可得性和有效性较高。从前期准备上看,研究者广泛阅读了我国及国外高校信息公开、政府信息公开的中英文文献,涉及信息公开的基本理论、制度构建、实践考察、政策评估等多方面的研究主题,有利于本研究的扎实深入开展。

第四章 中外高校信息公开政策比较

第一节 政策概览

美国是高等教育最为发达的国家,其信息公开立法与实践也走在前列,早在 1966 年就颁布了联邦《信息自由法》(*Freedom of Information Act*),该法案的主要适用对象是联邦政府的行政机构,而美国的教育属于州一级的地方事务,高校主要按照各州法律开展办学活动,因此联邦《信息自由法》对于美国高校的信息公开适用程度比较有限。不过,受联邦政府资助的高校在申请资助时,需要向教育部提供申请所需的相关信息,并按照联邦法律对于接受公共资助的机关的信息披露要求公开特定信息,因此高校的信息公开工作也在一定程度上受到联邦法律的约束。

美国的 50 个州都依据联邦《信息自由法》的基本原则制定了本州的信息自由法律,不过,无论是在联邦还是州的层面,美国都没有专门针对高校信息公开的法律政策,高校信息公开的主要依据是各州的信息自由法以及其他涉及公共机构信息公开的零星法律条文。除了《信息自由法》以外,影响美国高校信息公开的法律还有:《高等教育法》(*Higher Education Act*)、家庭教育权和隐私权法(*Family Educational Rights and Privacy Act*)、医疗保险流通与责任法(*Health Insurance*

Portability and Accountability）。虽然目前美国还未出台专门针对高校信息公开的政策，但是一些高校依据本州的信息公开法律制定了本校的信息公开政策，例如萨吉诺谷州立大学根据《密歇根州信息自由法》（*Michigan Freedom of Information Act*）制定了《信息自由法实施办法》（*Freedom of Information Act Compliance Policy*）；玛丽·华盛顿大学根据《弗吉尼亚州信息自由法》（*Virginia Freedom of Information Act*）制定了本校的《信息自由政策》（*Policies on Freedom of Information Act*）。

20 世纪 90 年代，在世界公共治理透明化趋势下，英国开始酝酿出台有关信息公开的法律，于 2000 年通过了《信息自由法 2000》（*Freedom of Information Act 2000*），该法案适用于英格兰、威尔士和北爱尔兰地区。由于各方的争议和阻力，该法案直到 2005 年才开始全面施行。英国是欧洲信息公开法案颁布和实行最晚的国家之一。另有《苏格兰信息公开法》[*The Freedom of Information（Scotland）Act 2002*]适用于苏格兰地区的公共机构信息公开。

除了《信息自由法 2000》以外，英国有关高校信息公开的法律政策还有信息公开委员会制定的《高等教育信息公开指导》（*Freedom of Information Legislation and Research Information: Guidance for the Higher Education Sector*）、《高等教育机构信息公开内容界定》（*Freedom of Information Act 2000: Definition Document for Universities and Other Higher Education Institutions*）以及 2011 年的《高等教育白皮书》。《高等教育信息公开指导》中指出，与政府等公共组织不同，高校的资金来源除了政府的财政支持以外，还包括了学费、与商业机构合作项目的收入、捐赠收入等，高校所掌握的信息类别多样，涉及的利益群体众多，因此有必要在《信息自由法 2000》的框架下，专门针对高等教育领域信息公开的具体问题进行指导。《高等教育机构信息公开内容界定》中列举了高校应当公开的信息内容，要求高校根据文件中制定的《高校信息公开模板》（*Publication Scheme*）来制定本校的信息公开清单,并对于清单中应包含哪些具体信息进行了说明。2011 年 6 月,英国商务、创新和技能部发布了新的《高等教育白皮书》——《高等教育：以学生为中心》(*Higher Education: Students at the Heart of the System*),在第二章中专门阐述了高校信息公开的重要意义："我们需要使英国的高等教育体系走向开放透明,通过改革使高校信息对学生以及用人单位更加公开和有效",并且要求高校公开"关键信息表"(Key Information Set)中涉及的信息。[①]

第二节　政　策　规　定

一、高校信息公开主体

美国各州的信息公开法案对于高校是否属于公开主体的规定并不一致[②],总体来看,凡是接受所在州政府资助的高校一般都是该州信息公开主体,也就是说,基本上各州的公立大学都负有信息公开的义务;私立高校的情况比较复杂,许多州的信息公开法案将私立高校排除在公开主体范围之外,但是随着私立高校对于联邦和州政府的财政依赖不断增加,一些州的信息公开法案也要求私立高校公开办学信息,例如得克萨斯州的信息公开法案,越来越多的私立高校被纳入信息公开主体的范围内。

英国的高等教育体系中,随着大学自身的发展以及外部环境的变化,大学的"公"、"私"性质变得非常模糊[③],2000 年《信息公开法》中规

---

① 陈静,赵俊峰.英国高校教学质量信息发布制度述评[J].外国教育研究,2014,41(2)：96 - 102.

② LEVINSON - WALDMAN R. Academic Freedom and the Public's Right to Know: How to Counter the Chilling Effect of FOIA Requests on Scholarship[J], 2011.

③ 喻恺.模糊的英国大学性质：公立还是私立[J].教育发展研究,2008(13)：88 - 95.

定信息公开的主体是"公共机构"，其中包括各级各类高校（包括大学和学院），并未区分公立和私立高校，英国的所有高校都适用于该法案。

二、高校信息公开方式

世界上多数国家的信息公开立法中都是要求高校采取主动公开和依申请公开相结合的方式，英国和美国的（高校）信息公开政策中，也都要求高校以两种方式相结合进行信息的披露。例如英国的《高等教育机构信息公开内容界定》中就要求高校要主动公开《高校信息公开模板》中的信息，并且要回复公民申请公开的信息；美国《伊利诺伊州信息公开法案》中，不仅对于公立高校等公共机构处理公民信息公开申请的程序、回复时间等做出规定，其中第 3.5(a) 的条款也要求：信息公开单位应当将一些现有的信息汇总编制为一个列表，以便于公众不需要通过申请的程序就可以直接查询到；中国的《高等学校信息公开办法》的第七条、第九条也分别规定高校主动公开信息的内容，以及公民可以根据自身学习、科研、工作等需要申请获取相关信息。

三、高校信息公开内容

美国没有专门针对高校出台的信息公开政策，对于高校信息公开内容的要求主要见于 2008 年修订的《高等教育法》（*Higher Education Act*），其中要求高校向普通公众、在校学生和准备申请本校的学生及其家庭、用人单位、高校教师等公开信息。总结起来，该法案要求高校公开近 30 项信息，主要包括学生资助信息、收费信息、校园安全信息、针对残疾学生提供的信息、学生档案信息、学术科研信息、课程与教学质量信息、学生就业信息、平等和多元化信息等（详见表 4 - 1）[1]，并要求高校在学生入学时发放学校信息手册，在手册中说明学校公开的主要信息项目。

---

① 　U. S. DEPARTMENT OF JUSTICE O O I A P. Summary of Annual FOIA Reports for Fiscal Year 200Office of the Information Commissioner of Canada［EB/OL］［2015 - 10 - 21］www.infocom.gc.ca/reports/2005 - 2006 - e.asp.

表 4 - 1　美国《高等教育法》中要求高校公开的信息

类　别	具　体　事　项
学校信息手册	学校发给入学新生，简要介绍学校公开的信息，如果已经在学校网站上公开，那么需要提供确切的链接，并且如果学生要求，学校要提供该项信息的复印件
学生资助信息的联系人	向学生公开申请各项资助的联系人的联系方式
学生资助信息	各项联邦、州、当地、私人以及校级的资助项目；申请资助的要求；有资格受资助的学生的条件，以及决定资助数额的标准；选拔受资助学生的条件和标准；资助的具体方式；接受资助的学生所要履行的义务
学生档案信息	让学生审核教育档案信息，并告知学生申请修改该档案的程序
大学导航网站的"学生信息"	包括：学校组织的学生活动；学校为残疾人提供的服务；就业指导服务等
学生群体的多样性	男女比例；少数族裔比例
收费情况	学费、住宿费、书本费、交通费等
净价格计算器	2011 年 10 月 29 日前，高校用教育部开发的净价格计算器帮助学生预估在校开销
学术项目	学术项目以及相关实验设备
防止酒精和毒品泛滥的行动	告知学生和教职工毒品和酒精的在本校的情况；对酒精毒品的制裁办法
校园安全报告（应急处理；紧急疏散程序；及时预警以及犯罪通告）	除每年 10 月 1 日公开校园安全报告外，还要向学生教师发送电子邮件
课程信息	学校的课程安排和课程推荐书目等信息
"教师准备项目"报告	教育目标是否达成，达成目标的步骤、手段；提高教学质量的手段；参与该项目的学生的成绩变化；该项目的基本信息；项目的评估结果

（续表）

类　别	具　体　事　项
相关机构	附属机构；认证、评估的第三方机构；认证和评估报告
侵犯版权政策和制裁	/
为残疾学生提供的设施和服务	/
疫苗接种政策	/
失踪学生通知政策	/
消防安全报告	
违法犯罪人员处理程序	/
学生保留率	/
学生毕业率和转学率	/
学生就业率	/
选民登记表	

资料来源：笔者根据美国《高等教育法》整理。

　　《高等教育法》中关于学生资助信息公开的规定最多，要求高校要确保每一位学生都获取了资助项目的信息；对于收费信息公开的要求比较详尽，除了学费之外，住宿费、书本费、交通费等也都要对外公开，要求高校 2011 年 10 月 29 日前用教育部开发的净价格计算器预估学生在校的总开销，以便于学生及其家长参考。教育部在汇总学校公开的收费信息后，统计并公布 5％收费最高的大学、10％收费最低的大学、5％近三年收费增长最快的大学、5％近三学年收费增长幅度最大的大学。① 校园安全信息是《高等教育法》中要求重点公开

---

　　① 贺诗礼，孙璨，俞祺.美国大学的信息公开要求及问题[J].中共浙江省委党校学报，2014，5：018.

的信息,包括防止酒精和毒品泛滥的行动、疫苗接种政策、校园安全报告(应急处理;紧急疏散程序;及时预警以及犯罪通告)、消防安全报告、违法犯罪人员处理程序等。

英国《高等教育机构信息公开内容界定》中的《高校信息公开模板》对于公开的内容做出了明确规定,其中包括 7 类信息(详见表 4 - 2):① 我们是谁、我们做什么,包括大学的身份、性质、定位、组织结构及大学各个部门的职责等基本信息。② 我们花费什么以及如何花费,包括高校收支预决算、基础设施建设、招投采购、员工薪资等财务信息。③ 我们的主要工作以及我们如何做这些工作,主要有年度报告、教学策略与标准、教学质量保障、内外部审计与评估信息。④ 我们如何决策:重要决策的决策过程信息。⑤ 我们的政策制度,涉及高校的学生管理服务、人力资源、平等和多元化、健康安全、物业管理、档案管理、科研管理等多项政策制度。⑥ 清单与登记表,包括资产登记表、赠送和接受礼品登记、招待费登记等。⑦ 我们提供的服务,主要是高校为师生和公众提供的服务和设施的相关信息。每一类信息下又列举了公开事项和具体的公开内容、公开标准。

表 4 - 2　英国《高校信息公开模板》

信息类别	公 开 事 项	公开内容/标准
我们是谁、我们做什么	学校定位	性质、属性、地位
	组织结构	治理结构:各部门单位(院系和行政机构)的名称、组织结构、职责、工作内容、部门主要负责人的姓名和职责;董事会、委员会的职责范围、成员名单和简介
	位置和联系方式	学校联系人的电话和邮箱地址
	相关单位名单	包括高校的上级主管单位、合作单位、附属机构
	学生活动	学生社团的运行和活动

（续表）

信息类别	公 开 事 项	公开内容/标准
我们花费什么以及如何花费	收入、支出预算	各项收入来源,其中投资收入中还要说明投资策略
	实际收入、支出	超过 25 000 英镑的花费和交易信息,至少每年公开,最好半年或每季度公开;强调了这项信息的细节性
	财务报表和差异报告	强调预算和实际支出的差异信息
	财务审计报告	/
	基础设施建设项目	包括私人资金项目的和公私合作的项目合同
	财务规章制度	/
	员工津贴与花费	校领导的津贴和花费要分门别类,至少包括交通费、招待费和食宿费
	员工定级以及工资标准	至少要公开工资在 100 000 年薪以上的人员的工资,并具体到 10 000;对于年薪低于 100 000 的人员,不同的级别的工资范围应当公开
	供应商信息	/
	采购及招标程序;中标公告	/
我们的主要工作以及我们如何做这些工作	年度报告	/
	商业合作计划	/
	教学策略	/
	教学质量保障	/
	内部、外部审计与评估信息	对高校的监督审查过程
	合作关系	关于用人单位和学校资助者的信息
	政府和第三方机构的监管报告	/

（续表）

信息类别	公　开　事　项	公开内容/标准
我们如何做决定	重要决策会议纪要	董事会、学术委员会等的重要会议的议程、会议报告、背景文件
	教学委员会会议纪要	/
	与学生和教师协商的会议纪要	/
	任命委员会成员的信息和程序	/
我们的政策制度	管理高校事务的政策和程序	行为准则、谅解备忘录、程序性规定、常规命令等
	学术事务的政策程序	例如荣誉学位、课程改革、学生考核、申诉等管理规定以及违反这些规定的处罚
	学生服务政策程序	学生录取注册食宿档案管理、学生申诉程序、学生考评、学生服务系统以及学生守则
	人力资源政策程序	劳资谈判、与工会的协商、教职工申诉与职工发展（入职培训、试用期、评价、晋升）
	教职工薪资制度	/
	人员招聘程序与制度	/
	董事会成员的管理制度	/
	平等和多样化政策	保障人员机会平等的政策、程序、指导方针；促进平等指南
	健康安全	/
	物业管理	安置政策、地产策略计划、基础设施管理政策、场地和建筑维护
	申诉政策	/

（续表）

信息类别	公　开　事　项	公开内容/标准
我们的政策制度	档案管理与私人信息政策	/
	科研管理制度	学术质量保障政策、知识产权政策、学术伦理委员会管理细则、知识应用与成果转化政策
	受公共资助的科研成果和数据	/
	收费制度	/
清单与登记表	资产登记表	不要求公开所有细节，但至少要公开资产登记表的关键信息
	CCTV	/
	信息公开日志	/
	校领导赠送和接受的礼物及招待登记表	/
我们提供的服务	学校宣传册、课程内容、课程收费、奖助学金、高校所有的收费服务以及具体费用、咨询服务、医疗服务、就业指导、文体艺术文化设施与活动、博物馆、图书馆、特别藏书和档案、会议设施、建议与指导、媒体发布	/

资料来源：笔者根据英国《高校信息公开模板》翻译整理。

　　此外，2011年发布的《高等教育白皮书》的第二章要求高校保障学生的知情权、实行信息公开，并列举了在"以学生为中心"的原则下，高校应当重点公开的信息，即高校关键信息列表，主要面向学生的需求公开高校的课程信息、费用信息、就业信息以及学生联合会(The National Union of Students，NUS)的相关信息。[①]

第三节　政　策　比　较

英国的高校信息公开政策体系较为完善，层次分明，针对性强；既有顶层设计，又有具体指导；既有适用于所有公共机构的信息公开政策，也有针对高校信息公开的专门法规；从上至下依次有，议会出台的《信息自由法 2000》、政府出台的《高等教育白皮书》、信息委员会出台的《高等教育信息公开指导》和《高等教育机构信息公开内容界定》，形成了高校信息公开的完整政策体系。

我国的高校信息公开工作缺乏顶层设计，《政府信息公开条例》针对的主要是政府机构，虽然在附则中要求"教育等与人民群众利益密切相关的公共企事业单位参照本条例执行"，但是政府机关与高校毕竟是两种不同性质和功能的机构，高校由于自身的学术组织特性，享有较高的自治权，相较于政府信息公开存在特殊性，因此《条例》对于高校信息公开的指导作用很有限。我国的高校信息公开工作主要是根据《办法》和《高等学校信息公开事项清单》开展，《办法》对高校进行具体指导，《清单》中罗列高校应当公开的信息内容，但高校信息公开还缺乏一个顶层的、法律位阶较高的政策法规。除此之外，我国的《档案法》、《保密法》中的一些规定掣肘了高校信息公开的顺利进行。例如，《办法》的第 30 条规定，"已经移交档案工作机构的高等学校信息的公开，依照有关档案管理的法律、法规和规章执行"，但是

[①] DEPARTMENT FOR BUSINESS I A S. Higher Education：Students at the Heart of the System[R]. London：Department for Business，Innovation and Skills，2011.

《档案法》中规定，"国家档案馆保管的档案，一般应当自形成之日起满 30 年向社会开放"，这造成一些大学信息推迟公开。由于信息的时效性，延期使信息公开的价值大打折扣。

英国和美国出台了高校信息公开政策的配套法律法规。英国虽然信息公开立法起步较晚并且过程曲折，但是除了《高等教育机构信息公开内容界定》等以外，还有《环境和安全信息法案》《健康数据获得法案》等政策，对于数据信息共享、开放出版具有指导作用；美国在要求高校落实信息公开、提高高校透明度的同时非常注重对学生、教师及相关者个人隐私的保护。《家庭教育权和隐私权法》(*Family Educational Rights and Privacy Act*)、《医疗保险流通与责任法》(*Health Insurance Portability and Accountability*)就是针对信息保护制定的法律。《医疗保险流通与责任法》限制对学生和教职工的个人医疗信息的公开，而《家庭教育权和隐私权法》主要是要求高校保护学生的档案记录和隐私信息不外泄，尤其是在未经学生授权的情况下。这类信息一般包括学生的录取分数、学号、选课情况、考试成绩、亲属的联系方式和住址等相关信息。但是对于另一些信息，例如出生日期、专业、入学时间、获得资助的情况则在学生知情并且同意的情况下可以公开。

英国和美国的政策中，对于信息的具体内涵、公开标准、时间范围规定得比较详细。对于学生资助信息，美国要求高校至少应该公开各级各类资助项目、学生申请资助的相关要求、申请资助的学生的条件，以及资助数额的标准、评选受资助学生的条件和标准、资助的具体方式、接受资助的学生所要履行的义务，并提供各项资助的联系人和联系方式，而我国的《办法》仅要求公开"学生奖学金、助学金、学费减免、助学贷款、勤工俭学的申请与管理规定"。英国高校财务信息公开标准的十分具体，所有超过 25 000 英镑的花费和交易信息都要公开；除了收支预决算信息以外，还要在差异报告中对收支预算与决算之间的差异进行说明；基础设施建设中，校方要公开与乙方签订的合同；校领导的花费要分门别类地详细罗列，至少包括交通费、招待费和食宿费。英国规定了所公开的信息的时间范围，例如"我们是谁、我们做什么"，反映了高校性质、地位、组织结构等基本情况，这部分的信息需要是最新的；"我们花费了什么以及如何花费"反映的是高校的财务情况，为了便于公众比较和监督，不仅要公开当年的财务情况，还要至少包括前两个财年的财务信息。我国高校在实践中出现以"信息已过公示期"为由拒绝公开的情况，并且同一项信息，不同高校公开的时间范围各异，例如"财务预算信息"，有的高校公开了2011—2015年度所有的预算信息，而有的学校却仅仅公开了当年的财务预算信息，信息公开标准的宽泛是导致这一现象的重要原因。

美国不仅要求高校将信息置于学校网页上让公众自由查看，还要求高校主动将一些重要信息发送给利益相关者，例如关于校园安全信息，高校除了每年10月1日之前要将校园安全报告公开以外，还要通过电子邮件的方式向学生和教师发送；学校信息手册要在新生入学时发给学生，简要介绍学校的基本情况以及学校公开的信息，如果已经在学校网站上公开，就要提供确切的链接，确保这些信息的利益相关者接收到信息，提高他们获取信息的效率，体现了高校信息公开的便民性原则，而我国的高校信息公开政策中还没有高校主动向利益相关者传递信息的规定。

第四节　研究启示

前文对于英美高校信息公开政策进行了分析和比较，这对完善我国高校信息公开政策有如下几点启示：

（1）建立健全高校信息公开的顶层设计，提高高校信息公开相关政策的法律位阶。一是出台适用于所有公共机构、法律位阶高、法律效力强的信息公开法律，对包括高校在内的公共机构的信息公开工作进行纲领性指导；二是提升《高等学校信息公开办法》的法律位阶,增强其法律效力;三是对于我国的《保密法》、《档案法》中制约高校信息公开深入开展的条款进行修订,以健全的政策保障高校信息公开实践的顺利开展。

(2)完善高校信息公开的配套法律政策,平衡高校信息公开与高校自治、个人隐私安全之间的关系。美国的高校信息公开政策要求高校公开由政府资助的科研成果以及研究中所获取、产生的数据,但在此过程中,联邦政府也注意到了知识产权保护与高校信息公开之间的平衡,对科研信息的公开范围进行了限制,强调在不影响科研的正常有序进行的情况下,以切实的方式使公众获取信息。虽然美国各个高校对于个人隐私信息的界定有所不同,存在一些争议,但是其保护学生个人隐私的立法初衷在我国的高校信息公开法律法规中没有体现,这是未来我国的高校信息公开政策应当完善的重点。

(3)进一步细化高校信息公开的标准,对于所公开的信息的具体内涵、公开深度、时间范围进行说明。如果高校信息公开政策中对于公开标准的规定过于宽泛,就会导致高校在实际公开中随意性大,公开的内容和形式各异,公开不够规范,给高校"虚假公开"、"表面公开"留下了余地,要改善这一情况,就要增强现有政策中对于高校信息公开内容、方式、程序的规定的明确性和可操作性。

(4)扩大高校信息公开的范围。相较于英美高校信息公开内容的广泛性和深入性,我国高校的信息公开还停留在浅层。扩展高校信息公开的深度和广度,有利于切实推进高校办学的公开透明。因此,一要结合我国的实际,借鉴英美的先进经验,考虑将英美要求公开,而我国的《办法》中未作规定的信息,例如重要决策会议信息、高校与企业的合作信息、政府和第三方机构对高校的监督管理信息以及高校提供的公共服务信息等,纳入高校信息公开范围之内;二要提高对于高校财务等重点领域的信息公开要求,除了财务收支预决算表以外,进一步拓展深度,建议参考英美高校年度财务报告的内容补充完善。

第五章　中外高校信息公开实践比较

任何政策最终的落脚点都是实践,以下是对英美高校信息公开运行情况的研究。

第一节　信息公开平台建设

在本研究中,高校信息公开平台是指高校专门指导本校信息公开工作的网站或网页,可以是一个独立的网站,也可以是高校官方网站或者下属机构网站的一个网页。高校通常会在此介绍本校信息公开工作的情况介绍、内容、流程,附上主动公开的信息和申请公开信息的途径。

四所学校中,除了哈佛大学以外,其余三所高校都设有信息公开平台。其中,我国北京大学建有独立的信息公开网站,英国和美国高校都是网页的形式。网站形式的公开平台相较于网页形式更有优势,资源承载量大得多。因此,中国高校信息公开平台开设的情况较好。

公众能否快速便捷地进入高校所建立的信息公开平台,对于其能否快速地获取想要的信息具有重要作用。学校的官方网站是学校对外展示的窗口,在官网的首页设置信息公开的链接能够让公众快速进入信息公开网页/网站,通过对四所高校的官网进行调查,发现除了哈佛大学以外,其余三所高校都在官网首页设置了信息公开平台的链接,北京大学显示为"信息公开",剑桥大学显示为 Freedom of Information,伊利诺伊大学为 Freedom of Information Act Requests。其中,北京大学的信息公开链接位于网页的上端,十分醒目,而剑桥大学和伊利诺伊大学的链接位置在网站最底部,需要下拉网页,仔细查找才能看到。

表 5-1　中英美三所高校信息公开网站栏目

栏　　目	北京大学	剑桥大学	伊利诺伊大学
信息公开责任机构	已设置	已设置	已设置
信息公开政策制度	已设置	未设置	已设置
公开事项	已设置	已设置	已设置
公开目录	已设置	未设置	未设置
公开指南	已设置	未设置	未设置
监督投诉	已设置	已设置	已设置
信息公开申请	已设置	已设置	已设置
年度报告	已设置	未设置	未设置
检索栏目	已设置	未设置	未设置
例外情况	未设置	已设置	未设置
收费情况	未设置	已设置	已设置
教职工处理信息公开指南	未设置	已设置	未设置
公开信息的责任人	未设置	未设置	未设置
常见问题答疑	未设置	未设置	已设置
总计设置栏目数量	9	7	7

资料来源:笔者根据三所高校信息公开网页归纳整理。

北京大学的信息公开网站/网页栏目较多，排列有序，每一个信息栏目都有固定的版块安置，而剑桥大学、伊利诺伊大学的信息公开页面比较简单，往往是几个栏目混杂在一个版块下，例如剑桥大学的"信息公开申请"、"信息版权"、"监督投诉"都在"信息索取"这一板块下，而北京大学的"信息公开申请"、"监督投诉"则分别设有各自的版块，比较清晰。将北京大学、剑桥大学，以及伊利诺伊大学的信息公开平台上涉及的主要内容按照主题进行整理统计，三所学校在信息公开平台上设置的主要内容有信息公开的责任机构、政策制度、公开事项、公开目录、公开指南、监督投诉等 14 个。从设置的主题数量上看，北京大学居首，其信息公开网站对于 9 项信息公开的相关事宜进行说明，剑桥大学和伊利诺伊大学都是 7 个。从设置的主题来看，三所学校都对信息公开责任机构、公开事项、监督投诉、信息公开申请这四个主题进行说明，这对应了信息公开的组成要素中的公开主体、公开内容、公开方式、监督救济四个要素，也是公共机构信息公开工作的基本构成部分。北京大学和伊利诺伊大学都在信息公开的平台上设置了政策制度栏目，罗列本国、本校的信息公开政策，剑桥大学和伊利诺伊大学都说明了信息公开的收费事宜。

北京大学还特别设置了信息公开的目录和信息公开年度报告，这是基于《办法》中的要求："组织编制本校的信息公开目录和信息公开工作年度报告。"而英国的剑桥大学开辟了"例外事项"栏目，对高校不予公开的信息进行说明，将高校信息公开中的例外事项一一列举，让公众对于哪些信息有权要求公开，哪些信息高校可以不予公开做到心中有数，能够防止高校以"不在公开范围"为由拒绝公民的信息公开申请。检索栏目可以让公众通过"输入关键词"来快速查找定位自己所需要的信息，北京大学是三所高校中唯一一所在信息公开网站设立信息检索栏目的高校，不过，笔者试着输入关键词查找信息，结果却显示"页面错误"，其信息的检索并不可用。

剑桥大学的信息公开体现了"全员参与"的理念，也就是说，信息公开虽然有专门的责任机构,但是剑桥认为,希望了解信息的群众不是只能向剑桥大学信息公开办公室了解情况,而是可以向剑桥的任何教职工询问,而教职工有指引公众获取信息的义务。因此,剑桥除了在网站上公开信息以外,还特别在信息公开平台上开辟了"教职工信息公开指南",在这一板块中,剑桥罗列了其按照《高校信息公开模板》(Publication Scheme)的要求主动公开的信息,这让教职工能够首先对学校的信息知情,然后要求教职工在了解学校信息的基础上,还有向希望获取信息的公众提供指引的义务,这个方法一举两得,首先让本校的教职工对剑桥的信息做到知情,然后以教职工带动公众,动员全体教师参与到学校的信息公开工作中,既减少了信息公开办公室的工作量,又将信息公开的理念深入到教职工的理念中。为了使教职工能够更专业的指导公民获取信息,剑桥在信息公开网页上还列出了信息公开处理的流程,学校里的每一位教职员工都有向社会公开信息的义务;此外,为了在信息公开中保护相关者的个人隐私,剑桥大学还专门对"个人信息公开"另行说明,给出了另一个网址链接,获取个人信息适用于这一程序。

伊利诺伊大学的特色在于设置了"常见问题答疑"版块,就公众在对伊利诺伊大学信息公开中的常见问题进行解答。

第二节　英国高校信息公开——
以剑桥大学为例

剑桥大学根据 2000 年《信息自由法》的要求,采取主动公开与依申请公开相结合的方式公开本校信息,主动公开的信息主要是根据英国信息公开委员会的《高校信息公开模板》,制定《剑桥大学信息公开清单》以及《剑桥大学年度报告》和大学数据网进行信息公开,以下将逐一介绍这三个信息公开渠道。

一、主动公开

（一）剑桥大学信息公开清单

按照信息公开委员会的要求，剑桥大学参照通用的《高校信息公开模板》制定了本校的信息公开清单，清单基本上是按照模板的格式罗列信息，同样是划分为 7 大类信息，7 类信息下的具体公开项目是在模板的基础上，结合剑桥大学的实际情况罗列出来的。在每一个公开项目下附上具体信息所在网址的链接，点击链接后即可查找。

表 5 - 2　剑桥大学信息公开清单①

类　　别	具　体　内　容	
1. 我们是谁、我们做什么	（1）学校简介	
	（2）宗旨与核心价值观	
	（3）院系机构设置（包括附属机构）	
	（4）行政机构设置	
	（5）董事会	
	（6）身份建构（大学的章程等）	
	（7）大学地图	
	（8）联系方式	
	（9）面向教师和学生的信息	
	（10）主要统计数据	
	（11）附属公司	剑桥大学考试委员会、剑桥大学出版社
		其他附属机构情况见年度报告

---

① OFFICE I C S. Model Publication Scheme[EB/OL][2016 - 03 - 02] https：//ico. org.uk/media/for-organisations/documents/1153/model-publication-scheme.pdf.

（续表）

类　　别	具　体　内　容
2. 我们的经费来源以及经费支出	（1）财务总览（财务处官网链接）
	（2）财务规章制度与程序
	（3）年度财务报告和其他的财务出版物
	（4）基建项目
	（5）投资管理
	（6）采购供应商
	（7）分配和预算（有一个专门的报告）
	（8）现金价格（value for money）
	（9）工资标准
	（10）学费与奖学金
	（11）慈善筹款
3. 我们的使命以及如何达成	（1）年度报告
	（2）教学策略
	（3）教学质量保障
	（4）学生申请与录取数据
	（5）学生人数与考试数据
	（6）环境保护
	（7）内部审计
	（8）师生健康与校园安全
	（9）平等：学校的平等政策
	（10）校企合作相关信息
	（11）国际合作策略
4. 我们如何做决策	（1）治理信息
	（2）各类委员会
	（3）招聘信息和程序

（续表）

类　　别	具　体　内　容	
5. 我们的政策与程序	（1）学术	学术标准
		在校学生
		研究生录取
		本科生录取
		违规行为（剽窃、作弊）
	（2）合规性	腐败处罚规定
		数据保护
		信息公开
		法律事务
		档案管理
		风险管理
		信息安全
	（3）房产与环境	环境与能源
		地产
		出行
	（4）健康与安全	健康与安全政策
	（5）人力资源	人事政策与程序
		平等与多元
		教师晋升程序
		入职旅费的报销
	（6）信息技术	校园信息安全服务
		隐私保护措施
		校园卡业务
	（7）科研	学术不端行为处罚
		研究数据的公开与保留
		论文库

（续表）

类　别	具　体　内　容	
6. 登记表	（1）剑桥大学数据	
	（2）Vice-Chancellors（网址无效）	
	（3）荣誉学位	
	（4）图书馆的珍贵馆藏资源	
7. 我们提供的服务	（1）社区服务	会议场所提供
		志愿活动
		剑桥面向社会的活动
		校内实习、勤工俭学
	（2）教育、文化和娱乐	植物园
		剑桥科学节
		EMBA 教育
		思想创意节
		图书馆
		终身学习
		博物馆
		体育
	（3）师生与校友	后勤
		校友联系
		就业指导与服务
		儿童看护服务
		心理健康咨询
		牙科服务
		残障人士资源中心
		职业保健（教职工保健）
		教工手册
		教工服务系统

（二）年度报告

剑桥大学的年度报告由董事会年度报告（*Annual Report of the Council*）、委员会向董事会提交的年度报告（*Annual Report of the General Board to the Council*）以及年度财务报告（*Reports and Financial Statements*）组成。

董事会年度报告主要向公众披露了以下信息：

（1）董事会的基本信息：职责和日常管理；董事会的成员（选举产生）；向董事会提交的相关报告：西北剑桥项目的运营、剑桥出版社、考试项目、对 IT 基础设施建设的审查；关于建立体育管理委员会的审查结果；完善关于董事会成员选举和任命的制度法规；

（2）董事会管理的政策法规：对《剑桥大学章程》的修订：增加了申诉程序；评议厅的电子投票设备；

（3）问责与审计：审计委员会成员；剑桥出版社的联合监督小组；审查小组提交的报告，确认了学校的政策程序是符合发展目标的；对待贪污受贿的政策；风险应急管理措施；未来三年内部审计计划；

（4）学校资源：财务状况和压力；资金计划（在哪些方面投资）；可持续性指标；剑桥大学捐赠基金状况；

（5）政府政策和国家环境：政府对学校的投入可能减少；

（6）教学与科研：教学：一份来自英国高等教育质量保障署的教学质量报告，结果是满意；科研：科研收入增加，科研项目进展情况，科研的国际合作情况；

（7）教师聘用：关注招聘中的性别平等；审议教师的薪酬（由于外部劳动力市场薪资的变化）；

（8）剑桥考试委员会和剑桥出版社的情况；

（9）西北剑桥项目；

（10）扩展剑桥大学发展办公室（Cambridge University Development Office，CUDO）；剑桥大学校友关系办公室（Cambridge Alumni

Relations Office，CARO)的扩大重组情况；来自慈善活动的捐款和校友活动情况；

（11）附录：本年度董事会成员名单；董事会主要责任。[①]

（三）委员会向董事会提交的年度报告

主要涵盖了以下几项信息：

（1）教学情况与教学质量保障：新型教学方式的应用；教学指导小组得到九项拨款；网络课程；对于各个学院定期的教学检查的结果：基本满意；一些教学项目的审查结果。

（2）外部审查与利益相关者：接受了英国高等教育质量保障署（QAA）的审查，审查结果可见于网络（附网址）；全国大学生课程满意度调查中，剑桥大学的本科生满意度高，研究生较低，教学委员会已开始调查出现这一情况的原因和对策。

（3）学位、课程与考试：关于学位授予、学生考核、课程设置的变化情况，以及对这些变化的监督审查。

（4）国际活动：剑桥大学国际战略办公室（International Strategy Office)的发展情况，与国外高校的合作情况；各种与国外高校的协议和合作项目。

（5）科研：科研情况报告；跨学科科研项目建设情况；建议所有研究论文都能开放阅读，且这一建议被政府采纳；研究经费的增长幅度；科研伦理委员会提交了第一份报告。

（6）财政情况和财政计划。

（7）新的职称、职位授予情况：讲师、教授职位。

（8）人力资源情况：由人力资源委员会（Human Resources Committee，HRC)披露学校的人力资源信息，披露的信息包括：退休金计划的实施；关于男女同工同酬的审查；各种项目、部门的获奖

---

① CAMBRIDGE U O. Reports and Financial Statements for the year ended 31 July 2014[EB/OL][2016 - 02 - 20] http://www.cam.ac.uk/annual-report?ucam-ref = home-quicklinks.

情况；人力资源委员会成立分小组审议在外部劳动力市场薪资上升的情况下，剑桥现有的职位薪资已不足以招聘和留住人才，小组已提交一份报告，新的薪资标准即将实施；只负责教学的岗位是否要保留——审议结果是保留；分小组审议养老金税。

（9）校园安全与健康：负责机构是健康和安全委员会（Health and Safety Executive Committee，HSEC），对科研中可能出现的危险事件进行审查；成立职业安全与健康服务中心（Occupational Health and Safety Service，OHSS），为促进教师的职业安全提供服务。

（四）年度财务报告

剑桥大学的年度财务报告内容非常丰富，2013—2014 年的年度财务报告长达 70 页，主要内容包括：

（1）概述。

① 说明本报告的披露范围包括：剑桥大学各教学和科研单位，附属机构，例如剑桥考试委员会和剑桥出版社的年度财务信息的披露；

② 学校使命：追求教学和科研的国际最高水平；

③ 本年度学校的主要资金来源；捐赠收入与投资收入总额；

④ 本年度财政概况，收入、支出、盈余、净资产（和前一年度对比）；

⑤ 不同机构（科研与教学单位、剑桥大学考试委员会、剑桥大学出版社）的财务概况：收入、支出、盈余；

⑥ 不同机构（科研与教学单位、剑桥大学考试委员会、剑桥大学出版社）的财务变化情况；

⑦ 基础设施建设支出：主要支出去向和支出金额；

⑧ 捐赠与投资收入；

⑨ 公共债券；

⑩ 员工薪资支出和养老金支出；

⑪ 财政情况总结；

⑫ 未来财政的主要风险和不确定性分析。

（2）治理情况：对剑桥大学的性质：非盈利性管理原则、管理部门,剑桥大学董事会及其下属的委员会的职责进行介绍。

(3) 董事会成员名单。

(4) 剑桥大学社会贡献报告。学校的使命;通过科研对社会的贡献;人才培养情况:录取情况,学校意识到了入学机会的不公平,尽力保证各个阶层的学生都有机会被录取;通过开放课程校外人士能够学习到剑桥的课程;通过出版社更广泛地传播知识。

(5) 内部控制报告:学校在达成使命,目标的时候可能遇到的风险。

(6) 董事会职责(主要是财务方面的职责)。

(7) 独立审计师向剑桥理事会提交的报告:对财务报表的审计结果:没有错误,符合规定。

(8) 主要会计政策说明:财务报表的编制原则;会计基准;合并财务报表;收益确认:来自高等教育委员会非限定性补助和限定性拨款,学费收入,考试收入,出版收入,捐赠收入;国外资产的外币换算;有形固定资产罗列;投资情况;股票情况;债券负债;捐赠基金;退休金支出。

(9) 收入和支出表。

(10) 利润表;资产负债表;现金流量表。

(11) 财务报表附注。

(五) 大学数据网(UNISTATS)

英国大学数据网汇总了英国所有大学和学院的课程相关数据和信息,其主要目的在于让学生了解和比较各个高校的课程情况,帮助学生选择学校。除了简要介绍学校的学生人数等基本情况以外,其披露的核心内容是各个高校的关键信息表(The Key Information Set,KIS)。

《高等教育白皮书》中要求高校要在 2012 年 12 月前,以专业为单位,参照关键信息表发布具有可比性的教学质量信息。大学数据网将各个高校的关键信息表集中汇总,并提供比较的功能。这一信息表中披露了学生在选择学校时考虑的主要因素。这些信息有些是来自高校提供的信息,有些来自全国学生调查(National Student Survey,NSS)

和毕业生去向调查(Destination of Leavers from Higher Education, DLHE)的调查结果。

剑桥大学按照《高等教育白皮书》的要求,通过大学数据网发布了四类信息:一是课程信息,主要是调查学生对于课程的总体质量的满意度,以及对于教师的教学水平、为学生提供的帮助、图书馆以及信息资源的满意度;教师在上课时,采取的不同的教学形式,例如讲授、小组讨论、个别辅导、学生展示、田野调查等所占的时间比例;对于学生的学习效果的评估方法,例如笔试、作业、实践操作等;以及对学校的课程质量进行认证的专业机构。二是费用信息,包括学生的学费,以及食宿花费,为了便于学生估计在校开销,不仅披露了学生的平均食宿花费,还公开了食宿花费的四分之一和四分之三分位数,另外对学生的奖助学金等资助项目和资助金额也进行披露。三是就业信息,包括学生毕业六个月以后的就业率、就业去向,例如深造、就业(就业单位)等,就业岗位中管理岗位和专业岗位的比例;以及毕业六个月、四十个月以后的平均薪资、四分位之一和四分之三分位的薪资。四是学生联合会的信息,学生联合会是英国高校学生自发组成的组织,旨在保障学生权益,每一个高校都有学生联合会,会举办一些活动。[①]

表 5-3 剑桥大学关键信息表

信 息 类 别	具 体 信 息
课程信息	学生满意度(课程总体质量;教师教学水平;教师对学生的帮助;图书馆;信息资源)
	不同教学活动所占的时间比例
	课程学习评估方法
	认证课程质量的专业机构

---

① UNISTAS. The Key Information Set[EB/OL][2016 - 03 - 15] http://www.unistats.com/find-out-more/key-information-set/.

（续表）

信　息　类　别	具　体　信　息
费用信息（平均以及四分之一和四分之三分位数）	食宿花费
	学费
	奖助学金等资助信息
就业信息	学生毕业六个月后的去向
	毕业六个月后在管理和专业岗位工作的比例
	学生毕业六个月后的就业率
	毕业六个月、四十个月后的薪资
学生联合会	/

二、依申请公开

（一）申请公开的内容

任何人（不限于英国国籍）都可以向剑桥大学申请公开信息。剑桥大学是以排除法确定公众可申请公开的内容的，除了《信息公开法2000》中规定的公共机构可以不予公开的信息以外，任何学校所持有的信息都应公开。不予公开的信息主要包括以下几类：涉及个人隐私的信息；涉及国家秘密的信息；涉及商业机密的信息；公开可能会对公共安全带来损害的信息；公开后会干扰司法程序的信息。[①]

（二）申请公开的途径和收费

提供两种方式，一种是邮箱，一种是邮寄信函，口头申请是不被接收的。

如果是公民申请所申请的信息涉及个人信息，那么适用的法案就不再是《信息公开法案2000》，而是数据保护法（Data Protection

---

① CAMBRIDGE I C O O U O. Exemptions[EB/OL][2016－02－28] http://www.information-compliance.admin.cam.ac.uk/foi/full-staff-guide.

Act 1998)的第七部分，这类的申请要通过另外的程序，剑桥大学提供了另一个网址链接，里面详细阐释了如何申请获取个人信息。一般情况下，信息公开申请不收取费用，但剑桥大学有权在特定情况下对公开信息进行收费，费用不会超过 450 英镑。

（三）学校处理申请

剑桥大学负责信息公开工作的机构是信息公开管理办公室（Information Compliance Office），在收到申请函后，校方会向申请人确认已收到申请并告知申请人答复日期，然后会在 20 个工作日以内写信回复申请。在申请的回复函中会说明校方是否拥有这项信息，如有，将会提供，如果属于豁免公开的信息也将说明理由。当不能确定申请公开的信息是什么内容时，可以向申请人询问，但是高校无权询问申请人要求获得这项信息的动机。不过，高校只提供直接的信息，没有对信息进行分析、统计、加工的义务。①

（四）申诉与内部审查

如果申请人对于剑桥大学的处理结果不满意（一般是申请被拒绝），首先申请人要向剑桥大学申诉，申请内部审查，剑桥大学会交由更高一级的信息公开管理人员进行处理，关于如何提交一个内部审查的申请会附在最初的申请回复函中。如果申请人对于内部审查的结果仍不满意，可向英国统一负责信息公开事务的最高机构——信息公开委员会里负责高校信息公开事务的信息专员（Information Commissioner）上诉，信息专员会再进行调查，确定该申请的处理结果是否遵循了法案的要求和精神。

（五）剑桥大学教职工回复信息公开申请指南

剑桥大学有专门负责处理信息公开申请的工作机构，但是正如前文所说，剑桥大学非常注重信息公开过程的"全员参与"，由于部分公众

---

① CAMBRIDGE U O.[2016 - 03 - 12] http://www.information-compliance.admin. cam.ac.uk/foi/request.

可能将信息公开申请发送给剑桥大学的其他部门而非信息公开办公室。因此,除了剑桥大学信息公开管理办公室的工作人员以外,其他部门的职工在接收到信息公开申请以后,也应当向其公开信息,如申请的信息不在自己的职责范围内,则要为申请人提供指引。剑桥大学还专门为指导教职工回复信息公开申请制作了一个流程图(见图 5-1)。当教职工收到申请时,首先要区分其申请的信息是自己职责范围内掌握的信息,还是学校其他部门工作中掌握的信息,是否为涉及国家秘密、公共安全、个人隐私等属于豁免公开的信息,第一种情况可立即回复信息公开申请,第二种情况告知申请人应该向哪个部门申请,第三种情况则需要将该申请移交给信息公开管理办公室处理。①

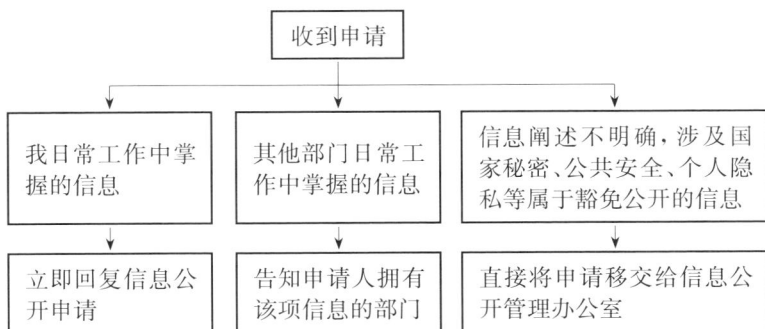

图 5-1　剑桥大学教职工回复信息公开申请流程

第三节　美国公立高校信息公开——
以伊利诺伊大学为例

根据《伊利诺伊州信息公开法》的规定,作为公立高校的伊利诺

---

① CAMBRIDGE U O. FOI quick guide for staff[EB/OL][2016-03-15] http://www.information-compliance.admin.cam.ac.uk/foi/quick-staff-guide.

伊大学适用于该法案，应当按照法案的要求进行信息公开。伊利诺伊大学的官方网站首页提供了学校信息公开专栏的链接。伊利诺伊大学的信息公开采取主动公开和依申请公开相结合的方式。

一、主动公开

与英国不同的是，尽管联邦和州的信息公开法要求高校信息公开透明，但联邦和州政府并没有制定公共机构主动公开的信息的模板，因此各个高校并没有主动公开信息的统一规范，伊利诺伊大学也没有像中国和英国的高校一样，按照政策的要求将主动公开的信息项目一一罗列出来并附上链接。不过，伊利诺伊州信息公开法案的 3.5(a) 的条款中要求：信息公开单位应当将一些现有的信息汇总编制为一个列表，以便于公众不需要通过申请的程序就可以直接查询到。[①] 所以，伊利诺伊大学将一些现有的文件、数据、报告等资料整理后汇总，在信息公开网页中开辟了一个专门的"可立即获取的信息资料"（Immediately Available Records）栏目，将学校主动公开的信息载体（各类报告、文件等）罗列出来，并附上其所在网页的链接，以便于公众查找。需要说明的是，这些只是伊利诺伊大学"可立即获取的信息"的一部分，之所以没有全部列举，是因为缺乏一个官方制定的高校信息公开的统一模板，因此对于应当主动公开哪些信息由高校自主裁定，由于信息过于庞杂，难以穷尽列举，所以伊利诺伊大学只列举了主要的信息载体类别。

"可立即获取的信息资料"主要包括四类：① 学校的各类报告，例如学校总体的年度报告，披露大量财务信息的年度财务报告、审计报告、捐赠报告，还有安全方面的校园安全、消防安全报告等。另外作为公立高校，伊利诺伊大学秉承"属于全体伊利诺伊州人民"的理念，专门编制对伊利诺伊州的贡献报告（Impact Illinois）。② 会议纪要，主要是

[①] BUREAU I L R. The Illinois Freedom of Information Act[EB/OL][2016 - 03 - 30] http://www.ilga.gov/legislation/ilcs/ilcs3.asp?ActID=85&ChapterID=2.

董事会及下属的委员会重要会议的记录,内容主要包括出席会议的人员,议程,时间地点,会议决策内容等。③ 统计数据,主要是学校已经统计好的,可以立即公开的数据信息,其中包括伊利诺伊大学的年度数据概览(Pocket Facts),常用数据库(Common Data Set),校园印象(Campus Profile),学校通过美国教育统计中心下属的高等教育数据系统(Integrated Postsecondary Education Data System，IPEDS)公开的本校信息,联邦科研拨款信息等。④ 学校编制的政策或手册,其中主要是学校根据联邦、州政府制定的,以及学校自主制定的各项规章制度(具体内容见表 5‐4)。这些报告、手册、数据库中包含了海量的信息,仅以规章政策类的信息为例,就包括了学校根据联邦、州政府制定的,以及学校自主制定的各项规章制度,并说明了政策的目的、适用范围、校内负责该项政策落实的机构及其联系方式、核心概念界定,以及政策的具体条款,并附上更多查询信息的链接。学术科研政策(使用动物作为教学、科研对象的守则);公共关系政策(和政府及其他机构的联系;社交媒体账户安全;校名、校徽使用政策);校园发展政策(私人礼物管理);应急措施、环境与健康、安全与风险管理政策;公共设施维护政策(基础设施、计算机设备);人力资源政策(员工聘用、晋升、离退休;学生学费减免、勤工助学);学生事务政策(心理治疗、奖学金)、科研政策等。①

表 5‐4　伊利诺伊大学可立即获取的信息资料

信息类型	具　体　内　容
各类报告	年度报告;对伊利诺伊州的经济贡献报告;审计活动报告;审计报告;伊利诺伊大学校友会财务报告;年度财务报告;资本预算;收入和支出预算;捐赠报告(捐赠管理、捐赠投资报告);校园安全、消防安全报告;种族平等报告;卫生服务设施建设报告;战略规划

① ILLINOIS U O. Available Records[EB/OL][2016‐03‐20] https：//www. uillinois.edu/cms/One.aspx?portalId=1324&pageId=171041.

信息类型	具 体 内 容
会议纪要	董事会会议记录
统计数据	年度数据概览；常用数据库；IPEDS 信息；校园印象；员工招聘；员工职位与薪资信息；犯罪率统计；联邦科研拨款信息；社会公共服务；新生问卷调查结果；学费与录取；学生的保留率、毕业率、转学率、学业表现数据；教职工数据；学生种族、性别和残疾人
文件、手册	各项规章制度；学术科研政策；公共关系政策；校园发展政策；应急措施、环境与健康、安全与风险管理政策；公共设施维护政策；人力资源政策；学生事务政策；大学章程

伊利诺伊大学的三个分校都设有信息资源管理部门，分别是厄巴纳-香槟分校信息资源管理司（Division of Management Information），芝加哥分校院校研究办公室（Office of Institutional Research）以及春田分校的院校研究办公室（Office of Institutional Research），三个机构的目的主要是协助学校的教职工，尤其是学校的管理层及时准确地从大学的管理数据库中获得信息，以便于为学校的相关决策提供数据支撑，并且建成了一个非常庞大的数据库，校外的公众也可以在其网站上自由浏览查询相关的数据信息。因此，通过学校的信息资源管理部门网站公开数据信息也是伊利诺伊大学主动公开的一个重要渠道。

例如，厄巴纳-香槟分校信息资源管理司的网站上设有一个"校园印象"的数据集成中心，收录了 1989～2015 年以来学校的重要数据，包括各个系所、各个学院、三个分校和伊利诺伊总校四个层面的数据，数据每年 11 月底更新一次。这个数据集成系统支持数据的自动查询，查询者可以根据希望获取的信息的对象（院系、行政部门）、信息的类别（教职工数据、财务数据、学生数据、课程数据、收费与学生资助数据）、信息的年份快速地查找到自己所需的信息。教职工数据主要包括：各级各类的教职工数量；财务数据包括：预算、收入与支出，收入来源与支出去向；课程数据包括：向各级学生开课的花费、开课的教师职称结构；学生信息：各年级学生数、少数族裔学生数、新生人数、新生 GRE 平均成绩，并按照课程和班级、民族、性别进行统计；以及外国学生的来源国家、年级、性别；入学新生的性别、民族；接受远程教育的学生数；学生的保留率以及毕业率；学位授予信息：（各类学位授予数量按照性别、种族、院系和行政部门）；学费信息；教学质量保障信息：教师在 ICES 教学评估中的成绩。此外，还将各个院系、各个管理部门的相关工作人员的联系方式集中到一个数据库中，查询者可以根据查询对象所在的院系或部门，查询对象的职务找到相关负责人的姓名和联系方式。学校还按照联邦《高等教育法》的要求，在信息资源管理司的网站上公开了学生的收费标准，按照本科生、研究生，全日制和在职，专业类别查询到自 2004 年以来的收费标准。[①]

美国高校（不论公立私立）通常都会公开本校的常用数据库，以及通过 IPEDS 发布本校的信息，由于常用数据库和 IPEDS 有较为固定的模板，所以不同高校公开的信息项目大体一致，将在美国私立高校信息公开实践里详细阐述，这里不展开论述。

二、依申请公开

（一）申请公开的内容

不同个体对信息的需求各不相同，而高校所拥有的信息又非常广泛且复杂，为了使公民更加清楚可以向学校申请公开哪些信息，伊利诺伊大学制定了一个可经申请公开的信息汇总表（Generic List of the Types of Records），需要注意的是，汇总表中罗列的信息并没有

---

① INFORMATION D O M. Dashboards[EB/OL][2016 - 03 - 22] http://www. dmi.illinois.edu/dashboards.htm.

囊括伊利诺伊大学所有可经申请公开的信息,事实上,除了《伊利诺伊州信息自由法》规定可以免于公开的信息之外,公民可以向高校申请公开任何信息。为了使公民对可以申请公开哪些信息心中有数,学校以汇总表的形式罗列了大部分,但鉴于信息的广泛性,难以全部涵盖。这个汇总表的目的在于告知申请公开的公民,哪些信息是学校拥有且可以公开的,这份列表是一个比较概括性的描述,概括了在伊利诺伊大学相关部门可以找到的档案和日常管理文件。这些档案文件信息包括已出版、未出版、电子版、纸质版以及影像音频的资料,甚至还包括信件和电子邮件,这些信息都由对外关系办公室向公众提供,汇总列表主要包括 25 类文件和信息(详见表 5-5)。另有一些不便于由对外关系办公室汇总的信息,例如学生的成绩单和学历认证、就业证明等,公民要向学校相关的部门申请获取,为了方便公民明确各项信息应当向哪个部门申请,学校将这些信息按照关键词的字母顺序排列,并附上各项信息所在管理部门的链接。

表 5-5 伊利诺伊大学可申请公开的信息表①

信息类别	具 体 信 息
管理部门相关文件	学校管理部门,以及学校管理部门与其他部门和学校外部机构的信件、报告、备忘录、出版物等。对于校内的学术机构来说,这些文件包括课程、科研政策、系所、学院和大学委员会、研究生和本科生项目,荣誉,讲座,部门的历史和治理情况。对于行政服务科研单位来说,这些文件还包括关于本单位的宗旨和项目的政策程序文件。
个人档案	包括通信、表格、报告,一般是按照相关人员的姓名字母顺序排列,这些文件一般是关于事故赔偿、咨询记录,捐赠者,法律诉讼,医疗记录,专利和版权,警方记录,学生违纪记录,学生助学金和学生就业等记录。

① ILLINOIS U O. General Records[EB/OL][2016-03-22] https：//www. uillinois.edu/cms/One.aspx?portalId=1324&pageId=171060.

（续表）

信息类别	具 体 信 息
预算文件	信件、备忘录、内部预算报告和工作底稿，展示了计划支出，关于工资支出、设备供应和其他用途。
财务记录	包括每月的对账单、请购单、采购订单、收据，以及由学校、学校基金会、州和联邦政府资助的支出的凭证。
产权文件	包括有关收购、维护和销售不动产的契据、租约等文件。
建筑文件	/
财物供应记录	动产的详细目录、消耗性器材的购入及分配。
教学统计报告	包括教师的教学、科研和社会服务的时间、课程人数等报告。
课程文件	班级和年级名册、课程类型、课程大纲、课程的阅读书目、教科书清单，课程成绩要求、课程进度安排等。
行政人员人事档案	包括职位申请、考试成绩、推荐信、任职表格、绩效考核报告、离职记录等。
学术人员就职申请	包括招聘通知、申请书、个人简历、候选人的出版物和证明文件，推荐信，被录取的人员的相关资料会移交学术人员人事档案。
学术人员人事档案	包括职位申请、任职表格、推荐信、绩效考核报告、缺勤、休假离职记录等。
工资	包括所有职工的薪资信息，以及勤工助学的学生工资信息。
教师晋升和受聘终身制	在教师晋升和受聘终身教授时审核的一系列文件：简历、出版物、学术活动、课程评估报告、学校管理部门和委员会的审核报告等。
本科生	ACT 或者 SAT 的成绩，入学通知、学期成绩单、转专业证明、课程合格或不合格证明、记录学生学业进展的资料，以及关于。
研究生	包括申请材料、成绩单、推荐信、GRE 或其他测试成绩，奖助学金、成绩报告、评估检查、学位论文计划、学业进展记录。

信 息 类 别	具 体 信 息
董事会、委员会、工作组的记录	会议、各种日常安排、各种报告、工作文件等。
合同	各种合同和协议。
科研项目	科研项目申请书、资助申请书、财务和预算记录、科研数据、科研报告等。
学术会议	包括会议通知、注册清单、会议论文、会议议程、照片和财务记录等。
文体活动	体育文化活动的活动通知、项目合同、财务记录等。
参观来访者信息	/
图书馆与信息资源中心	对于公开的信息、调查结果和统计数据的获取、使用情况。
公共关系	宣传册、新闻稿、照片、标志和海报、新闻剪报以及邮件列表等。
出版物信息	包括学校编订的文件、计划、手稿、意见、页面和长条校样、生产、出版和销售信息、订阅和邮件记录、版权文档、完成样品的出版物。

（二）申请公开的途径

根据伊利诺伊大学的规定，该校接受公众以电子邮件、传真、信函或者当面递交申请书的途径向其发出信息公开申请，但是不接受电话申请。学校提供了申请书的邮寄地址、电子邮箱和传真号。公民要提交一份申请书，其中应写明申请者的姓名、联系方式（姓名、地址、邮箱、电话等），清晰地描述所需的信息，并需要声明该申请是依据《伊利诺伊州信息公开法案》而发出的。此外，由于学校处理出于商业目的的申请和一般的申请的程序有所不同，因此申请者需要说明该申请是否出于商业目的，最后说明是否请求不收费或者减免收费。如果申请的是招标采购信息，要具体说明招标或者采购的供应商，因为学校仅凭申请的主题无法找到这类文件，如果申请者不确定供应商,学校还提供了一个供应商清单供查找。

伊利诺伊大学声明,根据伊利诺伊州信息公开法第6(b)条,高校可以合理地收取费用,伊利诺伊大学对于50页以内的信息回复不收取费用,超出50页,每页15美分,如果是彩印或者其他规格的复印,学校可以另行计算;如果是以CD的形式,那么也要另行计费;如果是以邮件方式则不收费。

(三) 学校处理申请

对外关系办公室负责处理所有的信息公开申请,具体的负责人是档案管理主任和信息公开助理,信息公开助理的电话和电子邮箱也向社会公开,公众有关于申请的任何问题都可以咨询。

申请的回复期限是自学校接收到信息公开申请之日算起,非商业目的的申请一般在5个工作日内回复,特殊情况下可延长,最多不超过10个工作日;商业目的的申请在21个工作日内回复。所有的回复内容都集中发布于一个专门的信息申请回复平台(FOIA Log),以表格的形式列出了申请人、申请主题和回复时间,例如表5-6是对外关系办公室2015年9月30日处理的信息公开申请,点击时间即可跳转到回复内容的PDF页面,并且可供下载。

表5-6　伊利诺伊大学对外关系办公室处理信息公开申请记录

Date	Requestor	Topic
09/30/15	Topic,Matthew	Contracts
09/30/15	Davis-Pitts,Tracy	Contracts
09/30/15	Clemmer,Stephen	Purchase orders
09/30/15	Higher Ed Solutions	Contracts

信息申请回复平台罗列了自2014年以来所有的回复内容,2014年以前的申请回复需要公众向对外关系办公室发邮件查询。笔者对罗列的信息公开申请进行了统计,2014年度,伊利诺伊大学共回复

了 472 份信息公开申请,2015 年 1 月 1 日—9 月 30 日期间,共收到
了 517 份信息公开申请。包括学生录取信息、合同信息、教职工信
息、体育信息、科研信息、授权许可、人事任命、认证评估信息、通信邮
件、供应商信息、各类报告、文件、档案、支票等 70 多类信息[129],本研
究从中随机抽取了 6 份申请回复,回复情况如表 5－7 所示:

表 5－7　伊利诺伊大学处理信息公开申请情况

申请公开内容	是否同意公开	公开方式/拒绝理由	拒绝的法律依据	回复时长
教务委员会报告	否	请求的信息属于决策过程中表达建议、观点的信息	section 7（1）（f）of FOIA	10 个工作日
过期支票	同意	提供 XLS 电子表格		10 个工作日
录取信息	同意部分公开	提供信息的网址链接	部分不予公开的信息是基 140/7（1）（a）；140/7（1）（c）；以及家庭隐私权法（20U.S.C.§1232g）	26 个工作日
投资金额与投资收益	同意公开	提供信息的网址链接		12 个工作日
教职工信息	同意	Excel 表格		10 个工作日
学校文体设施的采购合同	同意	公文		11 个工作日

回复的模板:

××年××月××日

申请人姓名

申请人邮箱(可能是应申请人的要求,部分回复中隐去)

申请编号

回复正文：

尊敬的×××：

我司已于××年××月××日收到了您的信息公开申请：（附申请书原文）。

同意公开，向申请者说明公开的方式。（已通过附件发送给申请者，或提供信息的网址链接）

或拒绝公开申请的全部或其中的部分信息，向申请者说明拒绝的理由，以及所依据的法律条款。

如果您希望获取非电子载体的信息（纸质、CD 等），请联系×××（附联系电话）。

如果对回复不满意，您有权去监察办公室（Office of the Attorney General）的公共咨询部申请复核。公共咨询部联系电话：217 - 782 - 1396，电子邮箱：publicaccess@atg.state.il.us，邮寄地址：Public Access Bureau，500 S. 2nd Street，Springfield，Illinois 62706。根据信息公开法案第 11 条，您也可以寻求法律救济。

如果对我们的回复有任何疑问，请联系 217 - 333 - 6400。

托马斯·P·哈迪

对外关系办公室执行主任

从回复时间来看，按照伊利诺伊大学的规定，学校对于非商业目的的申请要在最多不超过 10 个工作日内回复，从选取的 6 份回复来看，有 3 份回复不够及时，其中申请 3 要求公开的录取信息，由于涉及学生的隐私，需要将这部分信息隐去，在处理信息的时候程序比较烦琐，因而花费了 26 个工作日之久。在 6 份申请中，4 份申请所要求公开的信息得到了完全公开，1 份申请被拒绝，原因是申请者要求公开的教务委员会报告属于教务委员会决策过程中，委员表达意见、态度、观点的信息，根据《伊利诺伊州信息公开法案》第七章第 1 条，"在决策过程中的笔记、报告、备忘录等记录不予公开"。因为这些信息并非最终的结果信息，是决策过程中的讨论，如果全部公开会对公共机构的决策过程造成干扰。另有 1 份申请的处理结果是部分公开，原因在于申请者不仅要求公开学校总体的学生录取数据，还要求公开学生个人的高中所在学校、性别、民族，根据美国的《家庭隐私权法》，这些属于学生的个人隐私信息，因此不能公开，但是总体的录取率、少数民族学生比例、伊利诺伊州学生所占比例等可以公开。这体现了信息公开的"最大化"和"可分割"原则，即信息公开主体要尽可能公开所有在公开范围内的信息，如果申请的信息中包含不予公开的内容，那么要将可以公开的部分公开。从提供信息的途径来看，基本是以发送电子文档或者表格的形式，不过也特别说明，如果一些计算机能力欠缺的人无法获取电子形式的数据，在提出要求后学校可以通过打印等其他方式向其公开信息，另外也会提供信息所在的网址链接。

第四节　美国私立高校信息公开——以哈佛大学为例

作为私立高校的哈佛大学并不受所在州的信息公开法的约束，因而其信息公开工作更多地是由学校自发实行。本研究以哈佛大学为案例，探究美国私立高校信息公开的实践情况。

与伊利诺伊大学结合主动公开和依申请公开这两种方式不同，哈佛大学仅采取主动公开的方式，将学校的信息对社会公布，但是并没有提供公民申请公开信息的渠道，以单向公开为主。其信息公开的主要机构是院校研究办公室（Office of Institutional Research），它负责统计、整合、发布哈佛大学各项数据信息的机构，其每年发布哈佛大学资料手册（Harvard University Fact Book）、哈佛大学常用数据库（Harvard Common Data Set）、年度财务报告（Annual Financial

Report）、教师发展与多样化年度报告（Faculty Development and Diversity：Annual Report）、可持续发展报告（Sustainability Report）等。除此以外，还有美国教育统计中心下属分支——高等教育数据库（Integrated Postsecondary Education Data System，IPEDS）公开的信息，以下简称 IPEDS 信息。下面选取其中主要的信息公开渠道——哈佛大学资料手册、哈佛大学常用数据库、年度财务报告、IPEDS 信息分析哈佛大学公开的信息内容。

（一）哈佛大学资料手册

主要包括学校的组织结构信息、在校生和教职工信息以及学校的资源和财务信息（详见表 5-8）。①

表 5-8　哈佛大学资料手册信息

信息类别	具 体 内 容
学校组织结构	治理结构
	院系部门（研究中心）及附属机构
人员概况	学生：学生录取信息；学位授予信息（总数、人口特征分布）按照专业分；学生资助信息；学费信息（研究生、本科生；学费、住宿费、伙食费、健康服务费等
	教职工：按照专业、性别、民族、地区、薪资来源单位（学校拨款还是联邦资助）、职位（学术人员；行政人员）划分
资源与财务	哈佛图书馆：图书馆数量、藏书数量、电子资源数量、数据库
	科研拨款：2007 年以来拨款总额、按照来源（联邦、非联邦）
	捐赠：1981～2011 年的捐赠金额、捐赠金额占学校总收入的比重、收益金额

---

① UNIVERSITY O O I R H. Harvard University Fact Book[EB/OL][2016-03-30] http://oir.harvard.edu/fact-book.

（续表）

信息类别	具 体 内 容
资源与财务	各个学院的建筑物数量、建筑面积、建筑地址；建筑用途（商业、实验室、教室、办公室、宿舍）以及各个不同用途的建筑所占的比例
	可持续发展：温室气体排放量

（二）哈佛大学常用数据库(2014～2015 学年)

表 5‑9　哈佛大学常用数据库所含信息

A. 学校概况	A1 通信信息(学校名称、学校地址、联系电话、传真号码、官网地址、招生免费电话) A2 学校性质(公立/私立) A3 学校学生性别(仅男生/仅女生/混合学院) A4 学期制(学期/半学期) A5 学校提供的教育类型(博士、硕士、学士等)
B. 在校生情况	B1 全日制/非全日制的各级学生数 B2 按种族划分的各级学生数 B3 各类学位授予数 B4 毕业率(四年内毕业率、六年内毕业率)
C. 新生录取情况	C1 申请人数(男女)录取人数(男女)注册人数 C2 候补学生情况 C3 - C5 录取条件 C6 - C8 录取标准(按照重要程度,例如 GPA、申请书、推荐信、面试表现、个性特点);对 SAT 或 ACT 成绩要求 C9 - C11 录取分数情况(SAT/ACT GPA) C13 - C22 录取政策(申请费、申请截止日期)
D. 转校生	D1 是否接受转校生申请 D2 录取的转校生人数 D3 - D11 转校生的申请时间、提交的材料及注意事项
E. 学业要求	E1 学校的项目(双学位;交流项目;荣誉项目) E3 公共必修课

F. 学生生活	F1 学生平均年龄;来源地区;家庭住宅等基本情况 F2 学校提供的文娱活动 F3 后备军官训练团项目 F4 学校提供的住宿条件
G. 学生花费	G0"净价计算器"网址 G1 - G5 学校收费(学费;食宿费;书本费;交通费)
H. 学生资助	H1 学生资助来源与金额(奖学金;贷款;联邦/州/学校) H2 - H5 获得各类资助的学生数及比例;各类学生平均获得的资助金额 H6 向外国学生提供的资助类型;资助的外国学生数;平均资助金额,共计资助金额 H7 外国新生申请资助需提交的材料清单 H8 本国学生申请资助需提交的材料 H9 申请资助的截止时间 H10 申请结果通知时间 H11 - H13 各种资助项目 H14 资助学生的选拔标准(学业成绩;领导能力等)
I. 教学型教师 与班级规模	I1 教学型教师的总人数;少数民族比例;男女;外国教师人数;学历构成 I2 生师比 I3 各个规模(2~9 人;10~19 人等)的班级个数
J. 授予的学位	自 2013 年 7 月~2014 年 6 月 30 日的各专业授予学位数

（三）年度财务报告

除了学校的资料手册以及通用数据库以外,年度财务报告也是哈佛大学对社会公开信息的一个重要渠道,每学年编制一次。由于美国私立高校的主要经费来源是社会捐赠及学生的学杂费等政府以外的经济主体,因此属于企业会计体系,其财务信息披露遵循美国财务会计准则委员会(FASB)的相关财务会计制度规定。FASB 不断借鉴企业财务信息披露的经验,因此美国私立高校的财务信息披露已经比较成熟。哈佛大学也是按照 FASB 的规定

在年度财务报告中进行财务信息的披露。财务报表的具体内容如
表5-10：

表5-10　哈佛大学2013~2014年度财务报告①

组成部分	具体内容	备　　注
校长致辞		
财务概览	学校收入	
	学校支出	
	资产负债表	投资;债务;退休金支出;基本建设支出
哈佛资产管理公司CEO致辞	捐赠情况	
	投资收益	
	投资组合与投资策略	
	捐赠历史变化	占学校总收入的比例的变化;投资组合的变化
	本年度财务情况	美国的经济状况;国际经济状况;股票、债券等金融市场状况;各类投资收益情况
	公司组织结构变化	公司运营成本;人员变化
	未来展望	
独立审计报告		
财务报表	资产负债表	流动资产、长期资产;流动负债、长期负债;净资产类账户:资本性投资、捐增款项、奖学金、科研费用、还本付息部分、其他非限制性资产等

---

①　UNIVERSITY H. financial report fiscal year 2014［EB/OL］［2016-03-29］http://finance.harvard.edu/files/fad/files/har_fy14_financialreport.pdf?m=1415379535.

（续表）

组成部分	具体内容	备　　注
财务报表	净资产变动表	年初数和年末数比较
	捐赠变动表	限定性、临时限定、非限定性捐赠金额及年初年末变化
	现金流量表	日常收支、筹资资金、投资项目
财务报表说明	学校组织结构	学校性质，院系构成，治理机构，财务管理机构
	主要会计政策	基本会计准则；净资产划分（限定，临时限定，永久限定）；免税情况；盈余（赤字）
	投资情况	
	投资资产与负债的公平价值	
	衍生产品	掉期合约；违约合同；利率合约；总收益互换；远期外汇合约；期货合约；信贷风险
	应收款项	
	应收单据	
	已承诺的捐赠	
	固定资产	
	捐赠和经营性资产	
	利益分割协议	
	应付的债券和票据	
	职工福利	养老金；退休后健康保险
	学生资助	

（续表）

组成部分	具体内容	备　　注
财务报表说明	联邦及州的拨款	
	捐赠物	
	其他收益	
	其他支出	
	各项支出用途及金额	
	承诺和突发事件	
校长及董事会成员名单		
监察委员会名单		
学校管理层人员名单		

（四）IPEDS 信息

美国教育统计中心（National Center for Education Statistics）是美国最大的教育数据统计机构，隶属于美国联邦教育部，负责收集、分析全美的教育相关数据从而了解全美和各州、各地区的教育情况，包括幼儿教育、初级教育、中学教育和高等教育等，高等教育数据库（Integrated Postsecondary Education Data System，IPEDS）是其中的一个重要组成部分，它从所有参与联邦学生资助项目的高等教育机构，包括大学、学院、职业技术学院那里收集信息，描述高等教育机构的基本情况，例如在校生、完成率、毕业率、学校收费、学生资助录取情况等。

笔者在 IPEDS 上查询了哈佛大学公开的信息，主要包括以下 10 类（见表 5 - 11）：

表 5-11　哈佛大学通过 IPEDS 公开的信息

信息类别	具 体 信 息
机构概况	学校代码;学校名称;所在地;官方网站;是否受联邦资助;性质(公立/私立营利/非营利);学制;学校层次;校园规模;远程教育情况;所在城市;宗教隶属;校历(学期);可授予的学位类型
录取数据与录取成绩	申请学生数;录取学生数;SAT 和 ACT 的各科四分位成绩
学生收费	学费(本州和其他州的学生);书本费;住宿费;其他费用
学生资助信息	接受联邦、州、学校各项资助以及助学贷款的学生比例和平均资助金额
净价	减去奖助学金等资助后的净价格
在校生数量	根据年级、性别、是否全日制、民族、年龄统计
保留率与毕业率	/
授予学位数	各级各类学位授予数量(根据民族、学科划分)
人力资源	教职工和研究生助教人数(分全职和兼职);以及不同类别(是否全职;职称)的教职工平均薪资
财务	收入金额、来源及所占比例;支出金额、去向及所占比例
图书馆	图书藏量;支出用途和比例

　　由于 NCES 已有近 150 年的历史,因此数据统计体系已经非常成熟,IPEDS 也是一个非常完善的信息发布平台。这不仅体现在其收录信息的广泛性,几乎涵盖了全美所有高等教育机构的海量数据信息,更重要的是其信息查询的便利性和个性化。既可以浏览一所高校的数据,同时还能够对两所或多所学校进行比较,比较的内容、比较的数据的时间也可以根据个人的需要进行选择。公众在查询的时候只需选择希望查询的学校、信息类目、信息时间,即可得到相关的数据。此外,IPEDS 还提供各个高校的信息汇总报告,公众可获得任意一所高校的数据汇总。

第五节 我国高校信息公开——
以北京大学为例

北京大学信息公开的主要渠道是其信息公开网站，在信息公开网站中汇总了北京大学的信息公开责任机构、主要信息公开事项，以及依申请公开的途径、方法。

一、主动公开

北京大学主要根据《高等学校信息公开办法》的相关规定，在信息公开网站上公开了 8 大类共 35 项信息，涉及学校概况、政策规划、教育教学、招生、学生管理、组织与人事、财务、交流与合作等。[①] 详见表 5-12：

表 5-12　北京大学信息公开清单

类　　别	具　体　内　容	
学校概况	领导机构	校领导名单及简介；校领导社会兼职情况
	院系设置	/
	职能部门	/
	统计数据	各级各类教职工、学生人数
	年度总结	北京大学教代会、工会 2013 年度工作报告
政策规划	规章制度	各项规章制度（包括学校章程、校务委员会章程、安全管理规定等）
	发展规划	学科发展规划；校园规划；建设一流大学规划

---

① 北京大学.北京大学信息公开清单［EB/OL］［2016-03-30］http：//xxgk.pku.edu.cn/.

（续表）

类　别	具　体　内　容	
政策规划	学校公文	任免通知;科研管理办法
	学风建设	学术委员会建设;学术规范制度;科研经费管理
教育教学	本科生教育	基本情况;专业设置;学位授予规定;课程目录;教学质量报告
	研究生教育	学位授予(论文答辩、学位审核);学科建设
	留学生教育	留学生办公室;初入燕园指南;在校学习;毕业事宜
	继续教育	继续教育学院;高端培训项目;北大慕课
	美育	美育活动;艺术学院;文体活动
招生	本科生招生	招生章程;招生计划;录取分数线;保送生艺术特长生高水平运动员等特殊类型招生办、入选考生资格及测试结果
	研究生招生	招生简章及目录;复试录取办法;各院(系、所)或学科、专业招收研究生人数;拟录取研究生名单
	留学生招生	北大简介;学制与学期;留学生项目简介;申请要求;费用信息;医疗保险;住宿;签证
学生管理	学籍管理	学籍管理规定
	学生奖励	(页面错误)(奖惩规定;各类奖学金;学生申诉)
	学生资助	
	就业指导	职业指导;就业质量年度报告
组织与人事	因公出国	校领导因公出国日期、地点、时间、费用来源、出访内容
	教师管理	管理政策;教职工聘任条件;晋升规定
	干部管理	职务任免通知
	党建活动	党支部换届
	人员招聘	招聘公告

（续表）

类　别		具　体　内　容
财务	财务制度	专项资金；票据；采购等管理办法
	收费项目	不同学科收费标准
	财务决算	/
	财务预算	/
	资产管理	国有资产管理（页面无法进入）；捐赠财产使用与管理
	招投标	仪器、药品、图书等招投标采购项目、结果公示
交流与合作	国内合作	/
	国际合作	（页面无法打开）
	新闻发布	北大新闻网

二、依申请公开

北京大学接受通过电子邮件、信函、电报或传真方式提交的信息公开申请，申请者需要填写北京大学统一编制的信息公开申请表（见表 5-13，其中带"＊"号的为必填项目）。在申请函中需要注明"信息公开申请"字样，申请表填写完毕后，将申请表与申请人的有效身份证件（或证明文件）的电子版（或复印件）一起通过电子邮箱、邮寄或传真提交给北京大学的信息公开责任机构——北京大学信息公开办公室。

北京大学信息公开网站上对于可公开的信息内容、回复时间、回复情况、申诉办法等并未进行说明。

《高等学校信息公开办法》中要求高校组织编制本校的信息公开工作年度报告，于每年 10 月底前对外公开，北京大学在信息公开网站的"年度报告"栏目下披露了 2011—2012、2012—2013、2013—2014、2014—2015 四个学年的信息公开年度报告，总结年度信息公开的进展情况，主要包括六个部分：

表 5 - 13　北京大学信息公开申请表

申请人信息	公民	＊姓　　名		＊工作单位	
		＊证件名称		＊证件号码	
		＊联系电话		传　　真	
		＊电子邮箱		＊邮政编码	
		＊联系地址			
	法人/其他组织	＊名　　称		＊组织机构代码	
		＊法人代表		＊联系人姓名	
		＊联系人电话		＊传　　真	
		＊联系地址			
		＊电子邮箱			
	＊申请人签名或者盖章				
	＊申请时间		年月日		
所需信息情况	信息索引(可不填)				
	＊所需信的内容描述				
	＊所需信息的用途				
	＊所需信息的指定提供方式(可多选) □ 纸质 □ 电子邮件 □ 光盘 □ 磁盘			＊获取信息的方式(可多选) □ 邮寄 □ 电子邮件 □ 传真 □ 自行领取	
	备　注				

（1）年度信息公开工作概述，披露学校本年度信息公开工作开展的总体情况，例如推动《清单》的落实情况、完善信息公开体制机制情况、开展宣教培训情况等。

（2）主动公开情况，主要披露通过学校门户网站、校报校刊、学校宣传部门、微博微信等形式主动向校内师生和社会公众公开信息的情况（统计数据、内容分类），并对招生录取、财务等重点领域信息的公开情况进行详细说明；以及信息公开的咨询和处理情况。

（3）依申请公开和不予公开情况，主要披露了学校受理信息公开申请的数量、分类及学校的答复情况。

（4）对信息公开的评议情况，主要披露校内师生员工和社会公众对学校信息公开工作的评价情况。

（5）学校因信息公开工作受到举报的情况。

（6）信息公开工作的主要经验、存在的问题和改进措施。

第六节　国内外高校信息公开实践比较

通过对英国、美国、中国高校信息公开实践的比较，可以发现：

我国高校的信息公开网站建设较好，但存在形式主义倾向。北京大学设有专门的信息公开网站，且界面整洁，栏目排列井然有序，剑桥大学和伊利诺伊大学仅开辟网页进行信息公开，且网页界面比较简单，栏目排序也有些混乱。但是北京大学信息公开网站中，存在信息检索功能不可用的现象，多次输入相关性高的关键词，显示结果都是"未找到"，网站检索的实际效用受限；一些信息条目下的具体内容的链接无法打开或是没有权限，例如"资产管理"一栏下，点击"国有资产管理"的链接后，显示"无访问权限"。虽然网站信息条目排列得井然有序，也设有信息检索功能，但在高校的信息公开中发挥的实际作用却相当有限。

我国高校的信息公开渠道较为单一，主要是以高校为主体，在信息公开网站上发布信息。而英美大学的信息公开渠道比较丰富，除了按照相关信息公开法律法规的要求公开指定信息之外，都在年度报告中向公众披露非常丰富且广泛的内容，例如财务信息、董事会信息、教学科研信息、学位学科信息、校园安全健康信息等；另外，英美高校都有一个统一的各高校信息集成网站，英国将高等教育的"关键信息"在大学数据网上集中发布，美国教育统计中心官方网站的子网站——"高等教育数据库"中更是收录了美国绝大部分高校（包括大学、学院、社区学院）的在校生、学业完成率、收费及学生资助等信息，还具有比较功能，可以将多所学校的数据进行比较，美国高校的常用数据库中也收录了非常广泛的信息。伊利诺伊大学香槟分校还设有一个名为"校园印象"的数据库，收录了学校近 30 年来的重要数据。

英美大学非常注重公开信息的时效性，信息更新及时，除了每年通过年度报告发布学校本年度的最新信息以外，哈佛大学的常用数据库、伊利诺伊大学香槟分校的"校园印象"系统也是按年度更新，方便查询者查找同一类信息在不同年度的数据。相较之下，北京大学的信息仅仅是按照类别排列，没有统一的发布时间，导致信息更新时间混杂，有些类别的信息更新到 2014 年，有些更新到 2015 年，有些则存在个别年度信息缺失的现象。

在依申请公开方面，中国和英美的差距比较显著。首先体现在向中国高校申请信息公开手续繁琐，需要提供额外的信息。向北京大学申请信息公开需要填写申请表格，其中包括公民的工作单位、证件号码等私人信息，如果是法人或其他组织申请，还需要提供组织机构代码、法人代表等信息，此外，还要将申请人的有效身份证件的电子版（或复印件）也一并提交。而剑桥大学、伊利诺伊大学只需向学校写明姓名、联系方式，描述清楚所需的信息即可。其次，处理信息公开申请的过程和结果不够公开透明。剑桥大学对于学校处理申请的流程，回复函应当包括的主要要点，申请人若对申请结果不满意，可以通过哪些程序和途径进行申诉都交代得很清楚。伊利诺伊大学将所有的信息公开申请回复函都集中发布在网页上，公众可任意查阅学校回复的内容和处理结果，做到了回复情况全公开（除申请人的邮箱等隐私信息）。而北京大学仅仅给出了申请途经，并未公开回复情况。

第六章　我国高校信息公开的实施现状

第一节　调查说明

　　2010年，教育部颁布了《高等学校信息公开办法》，我国的高校信息公开工作开始起步。互联网由于时效性强、信息承载量大等优势，已经成为当今社会信息传播的主要渠道，高校开设信息公开网站，将信息整合汇总后集中发布，能够有效提升公众查找信息的效率，体现了高校信息公开的便民性原则。本研究调查了我国的1 219所普通本科高校（包括290所独立学院）的信息公开现状，包括信息公开平台网站建设，和公开的信息内容等，以了解现状，总结提高。

　　《办法》规定了高校信息公开的两种方式：主动公开和依申请公开，主动公开是高校通过各种途径主动向社会发布一些特定信息。《办法》第二章第七条列举了高校应当主动公开的12项信息，2014年7月，教育部发布了《高校信息公开事项清单》，《清单》秉承《办法》的精神和原则，对《办法》中规定的高校应当主动公开的信息进一步细化，以清单的形式一一列出了高校应当公开的各项信息的具体内容。本研究中，主动公开部分的调查指标来源于《清单》中规定的公开事项，包括59项指标。

　　由于高校在办学中产生和获取的信息量很大，高校主动公开所有信息十分困难。信息的汇总、整合和发布都会产生成本,全部公开会增加高校的工作负担和财务负担。并且社会组织和个人对信息的需求各不相同,全部公开也会导致信息利用效率低下。因此,《办法》中规定,除了高校主动公开的信息外,"公民、法人和其他组织还可以根据自身学习、科研、工作等特殊需要,以书面形式(包括数据电文形式)向学校申请获取相关信息。"[①]通过依申请公开的方式,高校为公众获取信息提供个性化的服务。本研究考察高校是否按照办法的规定,提供了申请信息公开的途径,并且在 15 个工作日内对信息公开申请做出答复,是否同意了申请人的合理的信息公开申请要求。

因此,本研究依据《高等学校信息公开办法》的要求和教育部发布的《高等学校信息公开事项清单》,从信息公开平台、主动公开(公开内容)和依申请公开三个维度制定了《高校信息公开调查表》(详见表 6 - 1),用以测评我国高等学校的透明度,调查我国高等学校对于信息公开政策的执行情况,从中发现高校信息公开工作所取得的进展和存在的问题,总结经验以促进我国高校信息公开的长足发展。

表 6 - 1　高校信息公开调查表

调查项目	类　别	调　查　事　项
公开平台	/	是否建立起信息公开专题网站
		建立的信息公开专题网站包括哪些主要栏目
主动公开	基本信息9 项	(1) 办学规模(校园面积、师生人数、班级规模)
		(2) 学校机构设置
		(3) 学科专业情况
		(4) 校级领导班子简介
		(5) 学校章程

---

① 教育部.高等学校信息公开办法[J],2010.

调查项目	类　别	调　查　事　项
主动公开	基本信息 9项	（6）教职工代表大会相关制度
		（7）学术委员会相关制度
		（8）学校发展规划、年度工作计划及重点工作安排
		（9）信息公开年度报告
	招生考试 信息	（10）招生章程
		（11）特殊类型招生办法
		（12）分批次、分科类招生计划
		（13）保送、自主选拔录取、高水平运动员和艺术特长生招生等特殊类型招生入选考生资格和测试结果
		（14）考生个人录取信息查询渠道和办法
		（15）分批次、分科类录取人数和录取最低分
		（16）招生咨询及考生申诉渠道，新生复查期间有关举报、调查及处理结果
		（17）研究生招生简章
		（18）各院（系、所）或学科、专业招收研究生人数
		（19）招生专业目录
		（20）复试录取办法
		（21）参加研究生复试的考生成绩
		（22）拟录取研究生名单
		（23）研究生招生咨询及申诉渠道
	财务、资产 及收费信息	（24）财务、资产管理制度
		（25）受捐赠财产的使用与管理情况
		（26）校办企业资产、负债、国有资产保值增值等信息

(续表)

调查项目	类别	调查事项
主动公开	财务、资产及收费信息	(27) 仪器设备、图书、药品等物资设备采购和重大基建工程的招投标
		(28) 收支预算总表、收入预算表、支出预算表、财政拨款支出预算表
		(29) 收支决算总表、收入决算表、支出决算表、财政拨款支出决算表
		(30) 收费项目、收费依据、收费标准及投诉方式
	人事师资信息	(31) 校级领导干部社会兼职情况
		(32) 校级领导干部因公出国(境)情况
		(33) 岗位设置管理与聘用办法
		(34) 校内中层干部任免、人员招聘信息
		(35) 教职工争议解决办法
	教学质量信息	(36) 本科生占全日制在校生总数的比例、教师数量及结构
		(37) 专业设置、当年新增专业、停招专业名单
		(38) 全校开设课程总门数、实践教学学分占总学分比例、选修课学分占总学分比例
		(39) 主讲本科课程的教授占教授总数的比例、教授授本科课程占课程总门次数的比例
		(40) 促进毕业生就业的政策措施和指导服务
		(41) 毕业生的规模、结构、就业率、就业流向
		(42) 高校毕业生就业质量年度报告
		(43) 艺术教育发展年度报告
		(44) 本科教学质量报告

（续表）

调查项目	类 别	调 查 事 项
主动公开	学生管理服务信息	（45）学籍管理办法
		（46）学生奖学金、助学金、学费减免、助学贷款、勤工俭学的申请与管理规定
		（47）学生奖励处罚办法
		（48）学生申诉办法
	学风建设信息	（49）学风建设机构
		（50）学术规范制度
		（51）学术不端行为查处机制
	学位、学科信息	（52）授予博士、硕士、学士学位的基本要求
		（53）拟授予硕士、博士学位同等学力人员资格审查和学力水平认定
		（54）新增硕士、博士学位授权学科或专业学位授权点审核办法
		（55）拟新增学位授权学科或专业学位授权点的申报及论证材料
	对外交流与合作信息	（56）中外合作办学情况
		（57）来华留学生管理相关规定
	其他信息	（58）巡视组反馈意见，落实反馈意见整改情况
		（59）自然灾害等突发事件的应急处理预案、预警信息和处置情况，涉及学校的重大事件的调查和处理情况
依申请公开	/	（1）学校是否建立起依申请公开机制
		（2）学校提供了哪些途径提交信息公开的申请
		（3）学校是否对信息公开申请做出答复
		（4）答复时长是否在规定的 15 个工作日内

（续表）

调查项目	类 别	调 查 事 项
依申请 公开	/	（5）学校是否同意公开所申请的信息
		（6）拒绝提供所申请信息的理由是什么

本研究测评了我国全部普通本科高校的信息公开情况，共计1 219所，在地域上涵盖了除香港、澳门特别行政区和台湾地区以外的22个省、4个直辖市和5个自治区的高等学校；在办学层次上包括"985工程"高校、未入选"985工程"的"211工程"高校、非"985"、"211"工程的本科学校以及独立学院；包含部属高校和地方高校；办学性质上，包括公立高校和民办高校以及中外合作办学高校，具体分布见表6-2。测评内容包括信息公开平台建设、主动公开、依申请公开三大部分。信息公开平台建设部分，调查高校是否建设了信息公开网站，以及高校信息公开网的建设情况；主动公开部分包括基本信息、招生考试信息、财务、资产及收费信息、人事师资信息、教学质量信息、学生管理服务信息、学风建设信息、学位与学科信息、对外交流与合作信息和其他信息这10大类，通过网络检索的方式测评高校是否向社会公众公开了这些信息；依申请公开部分，首先考察高校是否向公众提供了申请信息公开的渠道，以及提供了哪些渠道，再采用实际测试的方式，向高校发送信息公开申请，考察高校回复的情况。

表6-2　测评高校分布情况

变量名称	变 量 类 型	高校数量	所占比例
办学层次	985高校	38	3.1
	非985的211高校	74	6.1
	非985、211本科高校	817	67.0
	独立学院	290	23.8

（续表）

变量名称	变 量 类 型	高校数量	所占比例
所在地区	北京市	66	5.4
	天津市	30	2.5
	河北省	57	4.7
	山西省	31	2.5
	内蒙古自治区	17	1.4
	辽宁省	65	5.3
	吉林市	37	3.0
	黑龙江省	38	3.1
	上海市	38	3.1
	江苏省	77	6.3
	浙江省	57	4.7
	安徽省	44	3.6
	福建省	66	2.9
	江西省	42	3.4
	山东省	68	5.6
	河南省	51	4.2
	湖北省	67	5.5
	湖南省	51	4.2
	广东省	62	5.1
	广西壮族自治区	36	3.0
	海南省	6	0.49
	重庆市	25	2.1
	四川省	51	4.2
	贵州省	27	2.2
	云南省	31	2.5

（续表）

变量名称	变量类型	高校数量	所占比例
所在地区	西藏自治区	3	0.2
	陕西省	55	4.5
	甘肃省	22	1.8
	青海省	4	0.3
	宁夏回族自治区	8	0.7
	新疆维吾尔自治区	18	1.5
高校性质	公立高校	795	65.2
	民办高校	419	34.4
	中外合作办学	5	0.4

第二节　信息公开平台建设

　　研究者主要使用百度搜索引擎查找高校的信息公开网站，并在高校的官方网站上查找信息公开网站的链接作为验证，观测高校是否开设了信息公开网站，观测时间为 2015 年 10 月 1 日—2015 年 11 月 10 日。在所调查的 1 219 所本科高校中，上海戏剧学院、浙江工业大学之江学院、武昌首义学院、江汉大学文理学院、保山学院、内蒙古艺术学院、鄂尔多斯应用技术学院、沈阳工业大学工程学院、辽宁科技大学信息技术学院、南京理工大学泰州科技学院这 10 所学校还未建立官方网站或网站无法打开，视为未建立信息公开网站。

一、高校信息公开网站的数量与分布

　　我国的 1 219 所本科高校中，建立起了信息公开网站并且在网站

上发布实质性信息的高校有 598 所,占本科高校总数的 49.1%;有 72 所高校虽然设有信息公开网,但是网站中缺乏公开的实质性信息,甚至没有发布任何内容,如西藏民族大学、天津医科大学临床医学院信息公开专栏下没有任何内容,贵州医科大学神奇民族医药学院多项栏目显示尚无资料,西安音乐学院的内容仅为会议纪要、专题会议纪要,占比为 6.0%;少数高校以校务(院务)公开、校长办公室等高校信息公开相关网站代替高校信息公开网,如天津音乐学院、昌吉学院的信息公开网站链接打开后跳转到校长办公室、学校新闻网或是学校其他部门的网站,贵州大学科技学院,点击后链接到教育部高校信息公开办法页面;还有 5 所高校的官方网站上有"信息公开"的链接,但是打开后无法访问,或者是要求密码登录,限制校外公众查阅信息,如江苏第二师范学院、浙江工业大学、南方医科大学等高校点击链接后网页无法打开;还未开设信息公开网站的高校有 540 所,占比为 44.3%。

表 6-3 显示了已经建立有效高校信息公开网站的 598 家高校的地域分布情况,可以看出,我国本科院校建设信息公开网站的地域分布不均衡,上海市的高校建立信息公开网站的比例高达 94.7%,仅有上海戏剧学院和上海纽约大学还未建立网站。山西、黑龙江、青海、广东、重庆等省(市)的比例也在 70% 以上,而河北、河南、内蒙古的比例都不足 20%,宁夏、西藏还没有本科院校建立信息公开网站。

表 6-3　高校信息公开网站地域分布

地　　区	设立信息公开网站的高校数量	高校总数量	所占比例%
北京市	39	66	59.1
天津市	20	30	66.7
河北省	10	57	17.5
山西省	24	31	77.4
内蒙古自治区	2	17	11.8

（续表）

地　　区	设立信息公开网站的高校数量	高校总数量	所占比例%
辽宁省	26	65	40.0
吉林市	19	37	51.4
黑龙江省	29	38	76.3
上海市	36	38	94.7
江苏省	42	77	54.5
浙江省	26	57	45.6
安徽省	25	44	56.8
福建省	17	66	48.6
江西省	9	42	21.4
山东省	34	68	50.0
河南省	8	51	15.7
湖北省	37	67	55.2
湖南省	25	51	49.0
广东省	45	62	72.6
广西壮族自治区	13	36	36.1
海南省	3	6	50.0
重庆市	18	25	72.0
四川省	32	51	62.7
贵州省	18	27	66.7
云南省	7	31	22.6
西藏自治区	0	3	0
陕西省	12	55	21.8
甘肃省	12	22	54.5

（续表）

地　区	设立信息公开网站 的高校数量	高校总数量	所占比例％
青海省	3	4	75.0
宁夏回族自治区	0	8	0
新疆维吾尔自治区	7	18	38.9

将高校划分为"985"工程高校、非"985"工程的"211"工程高校，非"985"、"211"工程的普通本科学校以及独立学院，分别统计四类高校建设信息公开网站的开设情况，结果显示，38所"985"高校中，除了北京航空航天大学以外的37所高校都已设立信息公开网站，非"985"的"211"高校、普通本科学校开设信息公开网的比例分别为83.8％和54.6％，而独立学院只有19.0％。可见，不同办学层次的高校开设信息公开网站的比例差距较大，办学层次越高的院校开设信息公开网的比例越高，与其他办学层次的本科学校相比，独立学院开设信息公开网的比例落差较大。

二、高校信息公开网站发展状况（2011～2015）

此前已有学者对于我国高校信息公开网站的建设情况进行了调查，调查的对象和结果见表6-4。

表6-4　我国高校建设信息公开网站建设数量调查

调查时间	研　究　者	调查对象	调查高校数量	设立信息公开网比例％
2011年1月	马海群,吕红	普通本科院校、高职院校、独立学院、分校办学点	2 417	9.97
2011年8月	周丽霞,刘转平	211工程学校	114	45
2011年12月	贺延辉	普通本科院校	810	19.75

调查时间	研 究 者	调查对象	调查高校数量	设立信息公开网比例%
2012 年	朱佳颖	未知	582	19.3
2012 年底	岳尧	安徽省本科高校	34	16.66
2011 年	马怀德	北京市公立高校	46	23.9
2014 年	熊炳奇,杨东平	教育部直属高校	75	100
2014 年	中国社会科学院法治研究所	985 高校、211 高校、教育部直属高校	102	87.83
2015 年	本研究	普通本科院校、独立学院	1 219	49.1

注：由于论文中未提及调查时间,仅根据所载期刊时间和所引用的参考文献时间推断得出。

由于在横向上,以上几项研究的调查对象不一致,加之统计的口径并非严格统一,因而无法准确比较自 2011 年以来我国高校信息公开网站的建设情况,但是表 6-4 一定程度上能够反映不同层次的高校在相近的时间点开设信息公开专栏的比例的差别,同是 2011 年的数据,"211 高校"的比例达到 45%,全国普通本科院校的比例为 19.75%,而涵盖了普通本科院校、高职院校、独立学院、分校办学点以后,比例降至 9.97%,反映了学校的办学层次与信息公开网站的建设情况相关。为了更加准确地进行比较,这里用本研究调查统计的 2015 年北京公立高校、"211 工程"学校、普通本科院校、安徽省普通本科院校、"985"、"211"和教育部直属高校的数据,分别与 2011 年北京公立高校、2011 年的"211 工程"学校、2011 年普通本科院校、2012 年安徽省普通本科院校、2014 年教育部直属高校以及 2014 年"985"、"211"和教育部直属高校进行比较,即在统一了横向的调查对象以后,考察不同时间同一高校群体的信息公开专栏建设情况,以考察 4 年间信息公开网站的建设情况发生了哪些变化,是反映 4 年来我国高校信息公开工作实施与进展情况的重要表征,具体见表 6-5。

表 6-5　我国高校信息公开网站建设进展

调查对象	2011 年设立信息公开网比例%	2012 年设立信息公开网比例%	2014 年设立信息公开网比例%	2015 年设立信息公开网比例%
"211 工程"学校	45	/	/	84.8
北京市公立高校	23.9	/	/	67.4
普通本科院校	19.75	/	/	61.4
安徽省本科院校	/	16.66	/	75.8
985 高校、211 高校、教育部直属高校	/	/	87.83	87.83

由上表中看出,相较于 2011 年,2015 年无论是"211 工程"学校、北京市公立高校还是普通本科院校,建立起本校信息公开网的比例都大幅提高。2012 年安徽省本科高校建立信息公开网的比例还只有 16.66%,到了 2015 年底上升至 75.8%。2015 年,安徽省办公厅发布《关于加快推进高校网站信息公开专栏建设的通知》,要求全省普通高校、成人高校和独立学院要在 2015 年 11 月底前在学校网站设置信息公开专栏,增强公开实效,完善内部治理,接受社会监督。[①] 可见,上级主管部门的监督对于推进高校信息公开专栏建设起到了重要作用。

三、高校信息公开网站建设情况

我国本科高校信息公开网站建设的方式主要有三种,一是沿用原来的"校务公开网"(或"校务公开专栏"),或是更名为"信息公开

---

① 安徽省教育厅.安徽省教育厅关于加快推进高校网站信息公开专栏建设的通知[EB/OL][2016-04-01] http://www.ahedu.gov.cn/164/view/16703.shtml.

网"，但内容上并没有根据《办法》的要求进行更新。沿用校务公开网站的高校，与《办法》的要求相差较大，没有真正承担高校信息公开的职能。第二种是在校务公开的基础上，按照《办法》的规定改造升级，扩大了公开的深度和广度，但是未能完全脱离校务公开的模式和理念，与《办法》的要求仍然有一定的差距。第三种是新建立"高校信息公开网"，多数高校新开辟了专门的信息公开平台，根据《办法》的要求进行栏目设计和内容设置，这一类高校的信息公开效果最好。

在网站内容方面，高校的信息公开网站一般设有信息公开的工作机构（责任部门）、信息公开制度、信息公开指南、信息公开目录、信息公开年度报告、依申请公开这6项基本内容。

高校的信息公开工作机构一般为校长办公室下设的信息公开工作办公室，也有部分高校专门成立了信息公开领导小组负责学校的信息公开工作，高校通过信息公开网向社会公布高校信息公开工作机构的办公地址、联系电话和电子邮箱等信息，《办法》中还要求公布本校信息公开的负责人，但是鲜有高校通过信息公开网公布这项信息，这使信息公开工作权责不清，责任难以落实到个人，一旦产生问题，容易造成相互推诿的局面，既降低了信息公开的工作效率，也不便于监察部门和社会公众进行监督。

高校的信息公开网通常都会设置"信息公开制度"栏目，集中发布信息公开的规章制度，一般包括《政府信息公开条例》、《高等学校信息公开办法》，部分省（市）的教育主管部门针对高校信息公开工作出台了专门文件，例如广东省教育厅于发布是我《关于做好高校信息公开工作的实施意见》，高校也会将所在省（市）的文件陈列于"信息公开制度"栏目下。除此以外，部分高校还结合本校的实际情况，制定了信息公开实施细则。还有高校率先建立了内部组织机构的信息公开机制，例如2013年华中科技大学在"信息公开制度"栏目下增加了《关于院系信息公开试点工作的指导意见》，将高校信息公开深入二级学院,是高校信息公开的有益尝试和探索。

《办法》中要求高校编制信息公开指南,明确信息公开的工作机构,对于主动公开的信息进行分类,明确主动公开的信息的编排体系和获取方式,以及依申请公开信息的处理和答复流程,为公众获取所需的信息提供指引。信息公开目录则将公开的各项信息分门别类,便于公众查找,并且多数高校在目录的每一项信息下面设置了链接,查询者只要点击链接就可跳转至所查询的信息页面,节省了查找的时间,体现了信息公开的便民性原则。

高校的信息公开网站一般设有"年度报告栏目",将信息公开报告向社会公开。1 219所本科院校中,有664所高校发布了2015年的信息公开年度报告,接近半数的高校未按《办法》的规定在10月底前发布。这可能是高校没有编制年度报告,反映了省级教育行政部门没有敦促高校编制年度报告,存在监管不力的问题;也可能是高校已经编制年度报告交并报送上级部门,但还未发布于信息公开网站。年度报告是高校对于上一年度信息公开工作的总结,对于该年度本校信息公开的队伍建设、体制建设、公开渠道、公开内容等方面的成果和不足进行总结和反思,并提出改进措施,以便有计划、有重点地开展下一年度的信息公开工作[①]。公开年度报告除了能够敦促高校对信息公开工作进行总结以外,还能发挥公众的监督作用,使其了解高校该年度信息公开工作的进展情况,是保障公众教育知情权的重要途径,如果仅仅报送上级部门检查,却对公众秘而不发,那么年度报告的价值就大打折扣。所以,高校不仅要制作年度报告,更应当将年度报告对全社会公开,才能最大限度地实现其价值。

除了主动公开信息以外,依申请公开是高校信息公开的另一渠道。高校主动公开的信息虽然覆盖面广、信息量大、公民可快捷便利

---

① 刘春艳,周超.高校信息公开年度报告制度建设的发展现状及应对举措——基于政府信息公开年报制度的研究[J].情报资料工作,2012,3:007.

获取，但是难以满足全体公民的需求，而高校依申请公开信息可以让公民根据自身对于信息的个性化需要获取相应的信息。《办法》规定除了高校主动公开的信息以外，公民、法人和其他组织还可以根据自身的特殊需要，以书面形式向学校申请获取相关信息，有 397 所高校在信息公开平台上开设"依申请公开"版块，制定本校依申请公开工作的综合规范，对于公民向本校申请公开信息的方式、途径、受理部门、处理程序以及收费标准进行说明，建立依申请公开机制，使公众可以按照高校提供的途径获取相关信息。

开设信息公开网的高校数量相较于《办法》出台之初有了较大的发展和进步。2011 年 12 月，普通本科院校开设信息公开网站的比例为 19.75％[①]，而本研究 2015 年 10 月的调查中，48.7％的本科高校建立起了信息公开网，为高校向社会发布信息搭建了平台，并在网站上发布实质性的信息。这是高校信息公开工作的重要突破，为社会了解高校信息提供了固定的渠道，打破了高校与社会公众相对隔阂的状态，是高校走向透明化的第一步。

在质量上，开设信息公开网的高校基本能够按照《办法》的规定进行栏目设计，信息公开网的建设形成了初步规范，使公众查找信息时能够按图索骥，为公众获取信息带来了便利。还涌现出了一批信息公开质量较高的高校。2014 年，教育部在其门户网站集中添加教育部直属高校信息公开专栏链接，为社会公众查询提供统一入口，这种形式既方便了公众的查找，也有利于监督高校，这一做法效果良好。调查发现，教育部直属高校全部开设了信息公开网，并且公开的形式规范，内容丰富，对其他高校形成了良好的示范作用。

尽管我国的高校信息公开网站建设已取得一些进展，但仍然存在不足之处，主要表现为：

---

① 贺延辉.我国高校信息公开制度建设——基于高校网站的调查与分析[J].现代情报,2012,32(4)：25-30.

首先,设立信息公开网站的高校占比仍然较低,不足半数,不同地域、不同办学层次的高校开设信息公开网站的比例差距也较大,多个省份还未有高校建设信息公开网,或是开设信息公开网的比例很低,开设信息公开网站的独立学院寥寥无几。

其次,部分高校的信息公开网还流于形式,缺乏实质性的信息。尽管多数开设信息公开网的高校都设有工作机构、公开制度、公开指南、公开目录、年度报告、依申请公开等基本内容,但是存在空有栏目,无实质性内容或是所发布的信息陈旧的情况,例如兰州文理学院信息公开目录只更新到 2013 年,贵州大学明德学院"信息公开目录"栏目下无内容,并且在公开信息时避重就轻,公开的信息大部分为规章制度、基本信息,对于公众关注度高但较为敏感的关键信息,例如招生录取、财务信息、捐赠信息等避而不谈或是所言空泛。

再次,信息公开网站不规范,随意性较大。由于缺乏高校信息公开的统一协调机制与合作交流机制,高校对于信息公开的认识存在一定的差异,造成了各个高校网站在"公开内容、公开对象、公开频率"的问题上各自为政。在公开内容上,高校的编排体制各异,在公开对象上,一些高校限制公开的范围,信息公开网站需要以用户名和密码登录,实际上限制了校外人员的知情权,还有的高校采取"区别对待"的策略,对于部分信息向全体公民公开,而另一部分信息则只对校内学生和教职工公开,这有违《办法》中面向全社会公开的规定,也不符合信息公开的平等性原则。一些高校的信息公开不及时,信息更新缓慢,没有达到《办法》中信息制作完成或者获取之日起 20 个工作日内予以公开的要求。

最后,信息公开网站的便利性有待加强。高校信息覆盖面广泛,公开的信息不仅数量多,分类也十分烦琐,部分高校还未在信息公开网站上设置信息检索栏目,公众只能逐个条目查找信息,费时费力。已有信息检索功能的网站,检索功能也不够完备,算法简单,没有一站式检索和全文检索的功能,即使使用检索功能也查找不到相应的信息。依申请公开中，申请者需要先下载依申请公开的表格填写，再通过邮寄或是电子邮件的方式发送申请，很少有高校开发在线申请的功能。[①]

四、研究启示

首先是相当数量的未建立信息公开网站的高校要加快建设进度，已建立的高校要认真贯彻《办法》、《清单》中对高校信息公开网站建设的要求，进一步完善网站的建设，规范网站栏目导航，深化和拓展公开的内容，提高公开的信息的质量和时效性，加强对信息公开网站相关负责人的专业化培训，提升工作人员的信息公开意识和工作水平。另外，还要进一步提高信息公开网站的便利性，注重与公众的沟通交流，建议开设互动交流版块，接收和答复公众对于学校信息公开工作的疑难问题，把信息公开网真正建设成为高校信息公开的第一平台。

第三节　主　动　公　开

一、数据收集情况

主动公开部分的 10 大类共 59 项信息的数据收集情况如表 6 - 6，表中"公开数量"是指调查的 1 219 所高校中，有多少所高校在本校官网或者信息公开网站上公布了这一信息（这里强调信息发布的主体是高校，由高校以外的主体发布、统计、整理的信息不视为公开；信息发布的渠道为高校官网和信息公开网站，其他渠道发布的信息未纳入调查范围）。调查中，高校明确说明"本校无该项信息"的也视为已经公开。例如中国人民公安大学在"自主选拔录取、高水平运动员和

---

① 贾君枝，武晓宇，闫晓美.山西省政府网站信息公开状况分析[J].图书情报工作，2012，56(07)：125 - 130

艺术特长生招生等特殊类型招生"一栏下说明"我校目前没有自主选拔录取、高水平运动员和艺术特长生招生等特殊类型招生",即可视为公开了该项信息。"公开比例"是指公开的高校数量占调查的高校总数的比例,即表6-6中,实际公开数量/应公开数量,由于调查的高校总数为1 219,所以应公开数量一般为1 219,但是,"特殊类型招生办法"、"保送、自主选拔录取、高水平运动员和艺术特长生招生等特殊类型招生入选考生资格及测试结果"、"研究生招生简章"、"研究生招生专业目录"、"研究生复试录取办法"、"各院(系)所或学科、专业招收研究生人数"、"参加研究生复试的考生成绩"、"拟录取研究生名单"、"研究生招生咨询及申诉渠道"、"拟授予硕士、博士学位同等学力人员资格审查和学力水平认定"、"新增硕士、博士学位授权学科或专业学位授权点审核办法"、"中外合作办学情况"这12项信息具有特殊性,因为2015年度,1 219所高校中,只有268所高校在高考录取中存在特殊类型招生,有572所高校具有招收研究生的资格;477所高校有中外合作办学项目或者机构,2015年没有特殊类型招生的高校自然无法公开"特殊类型招生办法"、"保送、自主选拔录取、高水平运动员和艺术特长生招生等特殊类型招生入选考生资格及测试结果"这两项信息,同样的,不具有研究生招生资格的高校也无法发布研究生招生和学位授予的相关信息,不是中外合作办学的高校或者学校没有中外合作办学项目的高校也无法发布中外合作办学的信息,所以这12项信息的应公开数量应为268、572和477。

表6-6　主动公开信息的数据收集情况

类　别	公开事项	应公开数量	实际公开数量	公开比例%
基本信息9项	(1)办学规模	1 219	1 188	97.5
	(2)学校机构设置	1 219	1 178	96.6
	(3)学科专业情况	1 219	1 184	97.1

（续表）

类　别	公开事项	应公开数量	实际公开数量	公开比例％
基本信息 9 项	（4）校级领导班子简介	1 219	870	71.4
	（5）学校章程	1 219	436	35.8
	（6）教职工代表大会相关制度	1 219	560	45.9
	（7）学术委员会相关制度	1 219	752	61.7
	（8）学校发展规划、年度工作计划及重点工作安排	1 219	430	35.3
	（9）信息公开年度报告	1 219	664	54.5
招生考试信息 14 项	（10）招生章程	1 219	1 157	94.7
	（11）特殊类型招生办法	268	260	97
	（12）分批次、分科类招生计划	1 219	1 123	92.1
	（13）保送、自主选拔录取、高水平运动员和艺术特长生招生等特殊类型招生入选考生资格和测试结果	268	251	93.7
	（14）考生个人录取信息查询渠道和办法	1 219	866	71.0
	（15）分批次、分科类录取人数和录取最低分	1 219	285	23.4
	（16）招生咨询及考生申诉渠道，新生复查期间有关举报、调查及处理结果	1 219	1 160	95.2
	（17）研究生招生简章	572	561	98.1
	（18）各院（系）、所或学科、专业招收研究生人数	572	443	77.4
	（19）研究招生专业目录	572	544	95.1
	（20）研究生复试录取办法	572	443	77.4

（续表）

类　别	公开事项	应公开数量	实际公开数量	公开比例%
招生考试信息 14项	（21）参加研究生复试的考生成绩	572	279	48.8
	（22）拟录取研究生名单	572	430	75.2
	（23）研究生招生咨询及申诉渠道	572	558	97.6
财务、资产及收费信息 7项	（24）财务、资产管理制度	1 219	582	47.7
	（25）受捐赠财产的使用与管理情况	1 219	201	16.5
	（26）校办企业资产、负债、国有资产保值增值等信息	1 219	138	11.3
	（27）仪器设备、图书、药品等物资设备采购和重大基建工程的招投标	1 219	813	66.7
	（28）收支预算总表、收入预算表、支出预算表、财政拨款支出预算表	1 219	484	39.7
	（29）收支决算总表、收入决算表、支出决算表、财政拨款支出决算表	1 219	471	38.6
	（30）收费项目、收费依据、收费标准及投诉方式	1 219	586	48.1
人事师资信息 5项	（31）校级领导干部社会兼职情况	1 219	539	44.2
	（32）校级领导干部因公出国(境)情况	1 219	526	43.2
	（33）岗位设置管理与聘用办法	1 219	685	56.2
	（34）校内中层干部任免、人员招聘信息	1 219	1 011	82.9
	（35）教职工争议解决办法	1 219	161	13.2
教学质量信息 9项	（36）本科生占全日制在校生总数的比例、教师数量及结构	1 219	709	58.2
	（37）专业设置、当年新增专业、停招专业名单	1 219	1 155	94.7

（续表）

类　别	公开事项	应公开数量	实际公开数量	公开比例%
教学质量信息9项	（38）全校开设课程总门数、实践教学学分占总学分比例、选修课学分占总学分比例	1 219	629	51.6
	（39）主讲本科课程的教授占教授总数的比例、教授授本科课程占课程总门次数的比例	1 219	605	49.6
	（40）促进毕业生就业的政策措施和指导服务	1 219	980	80.4
	（41）毕业生的规模、结构、就业率、就业流向	1 219	1 015	83.3
	（42）高校毕业生就业质量年度报告	1 219	1 009	82.8
	（43）艺术教育发展年度报告	1 219	141	11.6
	（44）本科教学质量报告	1 219	654	53.7
学生管理服务信息	（45）学籍管理办法	1 219	987	81.0
	（46）学生奖学金、助学金、学费减免、助学贷款、勤工俭学的申请与管理规定	1 219	1 073	88.0
	（47）学生奖励处罚办法	1 219	969	79.5
	（48）学生申诉办法	1 219	866	71.0
学风建设信息3项	（49）学风建设机构	1 219	666	54.6
	（50）学术规范制度	1 219	651	53.4
	（51）学术不端行为查处机制	1 219	351	28.8
学位、学科信息4项	（52）授予博士、硕士或学士学位的基本要求	1 219	915	75.1
	（53）拟授予硕士、博士学位同等学力人员资格审查和学力水平认定	572	270	47.2

（续表）

类 别	公开事项	应公开数量	实际公开数量	公开比例%
学位、学科信息 4项	（54）新增硕士、博士学位授权学科或专业学位授权点审核办法	572	236	41.3
	（55）拟新增学位授权学科或专业学位授权点的申报及论证材料	1 219	223	18.3
对外交流与合作信息	（56）中外合作办学情况	477	368	77.1
	（57）来华留学生管理相关规定	1 219	526	43.2
其他信息	（58）巡视组反馈意见,落实反馈意见整改情况	1 219	262	21.5
	（59）自然灾害等突发事件的应急处理预案、预警信息和处置情况,涉及学校的重大事件的调查和处理情况	1 219	758	62.2

由图6－1可以看出,在《清单》要求公布的10类信息中,目前我国本科高校公开的比例由高到低依次是招生考试信息、学生管理服务信息、基本信息、教学质量信息、对外交流与合作信息、人事师资信息、学风建设信息、学科学位信息、其他信息、财务、资产及收费信息。如果以公开的比例达60％为及格,达90％为良好,那么在59项信息中,公开情况及格的信息有30项,公开情况良好的信息有12项:办学规模、学校机构设置、学科专业情况、招生章程、特殊类型招生办法、分批次、分科类招生计划,特殊类型招生入选考生资格和测试结果,招生咨询及考生申诉渠道与新生复查期间有关举报、调查及处理结果,研究生招生简章、研究招生专业目录,研究生招生咨询及申诉渠道,专业设置、当年新增专业、停招专业名单这12项。而公开的比例在30％以下的信息有7项,分别为分批次、分科类录取人数和录取最低分,受捐赠财产的使用与管理情况,校办企业资产、负债、国有资

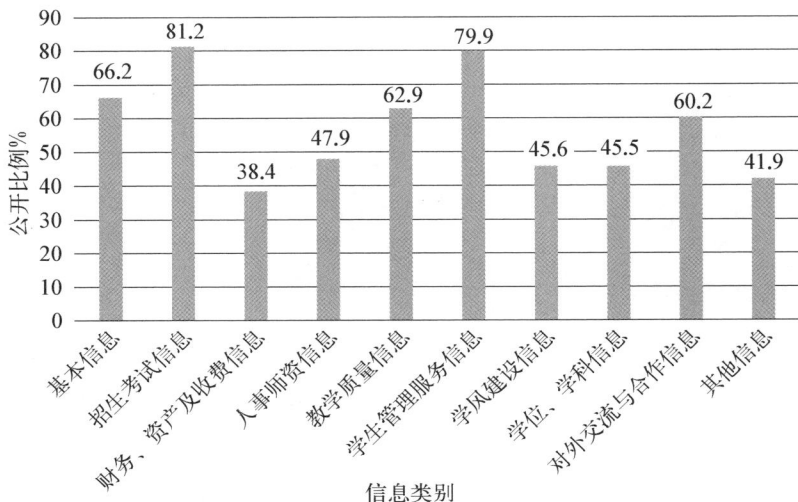

图 6-1 高校 10 类信息的公开比例

产保值增值等信息，教职工争议解决办法，艺术教育发展年度报告，拟新增学位授权学科或专业学位授权点的申报及论证材料，巡视组反馈意见，落实反馈意见整改情况。

从纵向维度——以高校为单位来看，如前文所述，由于部分学校不存在特殊类型招生，不具有招收研究生的资格或是没有中外合作办学项目（机构），所以在《清单》的 59 项信息中，各个高校应当公开的数量并不都是 59 项，表 6-7 呈现了高校的类型，其应当公开的信息数量及其所对应的高校数量。

表 6-7 不同类型高校应当公开的信息数量

高 校 类 型	高校应当公开的信息数量	高校个数
有特殊类型招生；有研究生；有中外合作办学	59	202
有特殊类型招生；有研究生；无中外合作办学	58	57

（续表）

高　校　类　型	高校应当公开的信息数量	高校个数
有特殊类型招生；无研究生；有中外合作办学	50	7
有特殊类型招生；无研究生；无中外合作办学	49	3
无特殊类型招生；有研究生；有中外合作办学	57	156
无特殊类型招生；有研究生；无中外合作办学	56	157
无特殊类型招生；无研究生；有中外合作办学	48	112
无特殊类型招生；无研究生；无中外合作办学	47	525

用高校实际公开的信息数量/高校应当公开的信息数量，计算出各个高校公开信息的比例。1 219 所高校平均的公开比例是 58.3%，仅有北京交通大学一所高校做到了公开《办法》要求的所有信息，图 6 - 2 是不同公开比例的高校个数和占全部高校的比例，87% 的高校主动公开的信息的比例在 80% 以下，显示了我国本科高校信息公开的程度较低。

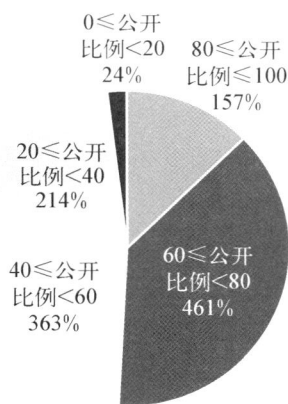

图 6 - 2　不同公开比例的高校数量和占比

表 6 - 8 显示了我国 31 个省、市、自治区的高校的平均公开比例，上海、青海、广东、重庆不仅开设高校信息公开网站的比例高，而且高校公开信息的比例也高；河北、宁夏、内蒙古、西藏、江西开设高校信息公开网站和高校信息公开的比例都较低；山西省的高校虽然建立信息公开网站的比例高，但实际公开信息的程度却较低。

表 6 - 8　各个省份高校的平均公开比例(%)

地　　区	高校平均信息公开比例	地　　区	高校平均信息公开比例
北京市	67.1	湖北省	59.5
天津市	60.4	湖南省	61.8
河北省	48.8	广东省	68.5
山西省	57.2	广西壮族自治区	59.2
内蒙古自治区	46.5	海南省	61.3
辽宁省	53.4	重庆市	66.1
吉林市	59.6	四川省	59.5
黑龙江省	60.7	贵州省	56.8
上海市	73.7	云南省	49.7
江苏省	58.0	西藏自治区	49.1
浙江省	49.6	陕西省	57.3
安徽省	63.7	甘肃省	56.8
福建省	55.5	青海省	71.2
江西省	48.2	宁夏回族自治区	53.1
山东省	61.2	新疆维吾尔自治区	53.7
河南省	55.2		

不同办学层次的高校不仅在开设信息公开网站的比例差距较大，在信息的透明度上仍然呈现与办学层次正向相关的关系(见图 6 - 3)。

二、各类信息的公开状况

(一) 高校基本信息公开

本研究中，对于基本信息下设的 9 项指标的内涵界定如下：

(1) 办学规模。高校的办学规模有多种内涵，包括校园面积、师

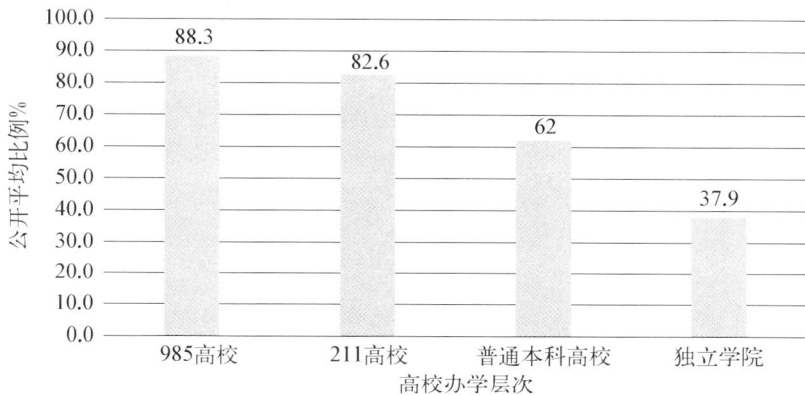

图 6-3　各个办学层次高校的平均公开比例

生人数、班级规模等，本研究中，公开了以上任意一项即视为公开。

（2）学校机构设置。高等学校的"机构"，按照不同的标准可以划分为不同的类型。有院系设置、管理部门、附属机构、党群组织、直属单位等，凡公开了以上任意一种机构的设置情况都视为公开。

（3）学科专业情况。抽检的高校二级学院中，凡公开了本学院设置的学科和专业即视为公开了该项信息。

（4）校级领导班子简介。至少包括正副校长、党委书记的姓名、职务、教育背景（本科就读的学校），职责分工，该项信息即可视为公开。

（5）学校章程。教育部《高等学校章程制定暂行办法》中规定的高校应当发布的本校章程，名为《××大学章程》或《××学院章程》。

（6）教职工代表大会相关制度。高校公开与教职工代表大会相关的任何规章制度，即可视为公开了该项信息。

（7）学术委员会相关制度。高校公开了学术委员会相关的任何规章制度，例如《××大学学术委员会章程》、《××大学学术委员会工作条例》等，即可视为公开了该项信息。

（8）学校发展规划、年度工作计划及重点工作安排。

（9）信息公开年度报告。教育部办公厅《关于做好高校信息公开工作年度报告工作的通知》中要求各高校编制的信息公开年度报告，在本研究中，若发布了 2013—2014 年度信息公开年度报告，则视为公开该项信息。

高校对于 9 项基本信息的公开情况如表 6‐9。

表 6‐9　高校基本信息公开情况及政策法规依据

公开事项	公开数量	公开比例	有关文件	指导司局
1. 办学规模	1 188	97.5%	《高等学校信息公开办法》《高等学校章程制定暂行办法》	办公厅政法司
2. 学校机构设置	1 178	96.5%		
3. 学科专业情况	1 184	97.1%		
4. 校级领导班子简介	870	71.4%		
5. 学校章程	436	35.8%		
6. 教职工代表大会相关制度	560	45.9%	《学校教职工代表大会规定》	政法司
7. 学术委员会相关制度、年度报告	752	61.7%	《高等学校学术委员会规程》	
8. 学校发展规划、年度工作计划及重点工作安排	430	35.3%	《高等学校信息公开办法》	规划司
9. 信息公开年度报告	664	54.5%	《教育部办公厅关于做好2012～2013学年度高校信息公开年度报告工作的通知》	办公厅

从图 6‐4 中可以看出，学校的 9 项基本信息中，公开比例最低的是学校章程和学校发展规划、年度工作计划及重点工作安排，而办学规模、机构设置和学科专业情况这三项高校的概况信息公开比例最高。

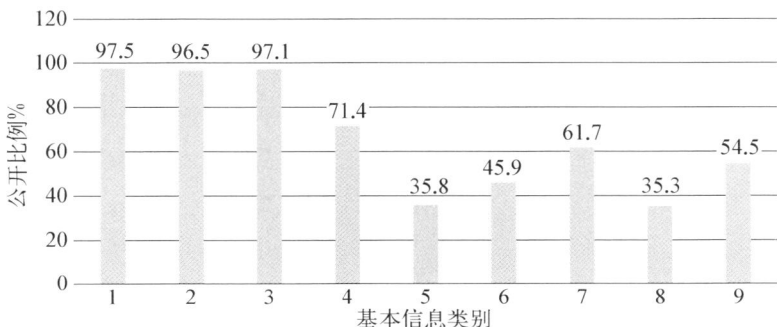

图 6-4 各项基本信息的公开情况

注：基本信息类别以表 6-9 中的 1～9 序号代替。

高校的办学规模、机构设置以及学科专业情况是高校办学的基础性内容。高校在网站的"学校简介"中通常会介绍校园面积、师生人数、班级规模等信息；高校网站往往会开辟专门栏目介绍机构设置情况；而"学科专业情况"一般是高校的二级学院的网站上公开,本研究中,抽检高校下设的 3 所二级学院,若全部公开了本学院的学科专业情况则视为公开。公开了以上三项信息的高校比例分别为 97.5％、96.5％和97.1％,绝大多数高校公开了这三项信息。在《办法》未出台,"高校信息公开"还未作为一项行政法规推行之前,高校就通常会公布这三项学校概况信息,向外界展示本校的概貌,是社会了解高校的第一扇窗口。

高校的领导班子是我国高等教育事业的领导者和推动者,是提高高等教育质量、建立现代大学制度、提高高校治理水平的组织保证。2013 年 12 月,中共教育部党组出台了《关于进一步加强直属高等学校领导班子建设的若干意见》,就选拔任用、考核评价、培养培训、管理监督、激励保障等关键环节提出了加强高校领导班子建设的相关制度措施。要真正落实这些制度措施,就需要发挥社会公众的力量参与监督,而参与监督的前提是对信息的知情,例如《意见》中要求优化领导班子结构,领导班子"要形成年龄、经历、专长、性格互补的合理结构,增强整体功能和合力。领导班子专业结构要与本校主要学科门类相适应，年龄结构要形成梯次配备"，如果公众对于高校领导班子不知情，也就无从监督其结构是否合理。当前，高校腐败现象屡见不鲜，公开高校校级领导班子信息的另一重要意义在于发挥各方的监督作用，从严管理高校干部，以深入推进高校反腐倡廉建设。高校的校级领导班子一般包括党委书记、副书记（常务副书记），纪委书记，校长、副校长（常务副校长），秘书长，以及教务长，总务长，总会计师，党委常委，校长助理等，民办高校的领导班子还包括董事会领导。在调查中发现，多数高校在官方网站中专门开辟了"学校领导"栏目，但是公开的程度不一。部分高校在这一栏目中公开的信息不够完善，例如燕山大学只公开了校领导的名单，而没有公开其他任何实质性信息；清华大学公开了职称职务以及研究领域，而对于校级领导的教育背景、个人经历、社会兼职以及分工职责等信息都未公开。有的学校只公开了部分校领导信息，一般来说，都公开了正副校长、党委书记的名单和信息，但是纪委书记、秘书长、党委常委、总会计师的信息则各高校公开情况不一。在本研究中，高校只要公开了正副校长、党委书记的姓名、职务、教育背景（本科就读的学校）和职责分工，就视为公开了校级领导班子信息，达到这一公开标准的高校有 870 所，占所调查高校比例的 71.4%，还有 28.6%的高校对正副校长、党委书记的姓名、职务、教育背景（本科就读的学校）和职责分工这些基本的信息都未向社会公开。

2006 年以来，我国致力于高等教育的法治化发展，相继出台了一系列重大举措，大学章程的制定是其中的重要环节。大学章程根据大学的组织属性，制定关于大学组织体系及其运行规范的基本制度，是大学自主办学的基本依据和指导大学行为的总纲领。[①] 2011年，教育部发布的《高等学校章程制定暂行办法》详尽地规定了大学章程制定的宗旨、原则、内容和程序以及核准和监督等重要事项，并

---

① 史秋衡，李玲玲.大学章程的使命在于提高内生发展质量[J].教育研究，2014(07)：22-27.

规定高校除了完成章程的制定以外,还应将章程对社会公开,以便于高校的举办者、教育主管部门、其他有关机关以及教师、学生、社会公众依据章程来对高校实施监督和评估。《中央部委所属高等学校章程建设行动计划(2013～2015 年)》要求"985 工程"高校在 2014 年 6 月底前完成章程制定,"211 工程"高校在 2014 年底前完成章程制定,2015 年底前所有高校应当完成章程制定。

　　根据本研究的调查结果,截至 2015 年 11 月 10 日,1 219 所本科高校中,已经完成本校章程的制定,通过了教育主管部门核准,并且在高校官网或者信息公开网站上对社会公开的高校有 436 所,其中"985"高校全部公开了学校章程,"211"高校中,除江苏某航空航天大学、河南某大学、广东某大学、广西某大学、西藏某大学和宁夏某大学以外,其余高校均对社会公开了本校章程;而普通本科学校公开了学校章程的比例只有 38.8%,独立学院则更少,仅为 4.9%。从高校所在地域来看,不同省(市)的高校公开章程的比例差异较大,比例最高的是上海的高校,达到了 73.7%,其次是四川、山西、天津三个省份的比例在 50%～60% 之间,河南、河北、内蒙古、浙江等 7 个省份公开大学章程的比例低于 20%,其中西藏还未有大学对外公开了本校章程,各省份大学公开本校章程比例的标准差为 16.4。未公开的高校存在以下几种情况:一是已经开始组织制定本校章程,但还未完成,如大连医科大学的"大学章程"一栏显示正在建设中;二是已经完成了章程的制定,正在上报教育主管部门核准中;三是已经完成了章程的制定,其主管部门也已经核准,在其所属的省级教育行政部门的网站或教育部网站中可以查询到核准书和章程的原文,但是高校未在本校网站上予以公布,如郑州大学,暨南大学;四是学校官网的新闻中显示"我校章程通过教育厅核准",但未附有正文,如广西大学,甘肃中医药大学,云南中医学院等。显然,这距离实现 2015 年底全国"一校一章程",并向社会公开的目标还有较大差距。

　　一方面,高校应当重视章程的制定,真正做到"一校一章程";另一方面，高校也要认识到学校章程向社会公开的重要意义，积极主动地在官方网站以及信息公开网站中发布。尽管一些教育行政部门的网站(教育部网站和各省级教育行政部门网站)上发布的对高校章程的核准书中附有章程原文，但这与高校在官网和信息公开网发布的意义和作用都有区别。首先，高校是公开的义务主体，由高校主动发布学校章程，符合"高校信息公开"的理念，体现了高校加强与外部社会的沟通交流、走向公开透明的决心；其次，学校章程被称为是"大学的宪法"，是大学各项活动的根本依据，彰显着大学的根本使命和基本理念，作为学术组织的个体，大学需要在特定的社会环境和同类学术组织中昭示自身的身份，以便外部公众知晓和认可[①]，如果说高校的区位规模、发展历史、师生人数等信息是一所大学外在的基本情况，那么学校章程就是它内在精神的基本标识，是社会公众对高校的基本认识的必不可少的组成部分。这就需要大学将代表着自身特殊身份的学校章程向社会发布。此外，高校官网是社会公众了解高校的第一窗口，信息公开网是公众查阅高校信息的主要渠道，从信息获取便利性和效果来看，将学校章程在这两处发布能够使获取学校章程这一信息的公众群体更加广泛，获取方式更加便利。因此，高校在加快制定出台本校章程的同时，也要注重向社会公开章程，教育主管部门在敦促大学章程的制定并核准的同时，也应加强监督检查高校将章程向社会的公开情况。

表 6 - 10　各省份高校公开学校章程的数量及比例

地　　区	公开学校章程的高校数量	高校总数	公开学校章程的高校比例
北京市	32	66	48.5
天津市	17	30	56.7

---

①　别敦荣.我国大学章程应当或能够解决问题的理性透视[J].中国高教研究,2014(03)：1-7.

地　　区	公开学校章程的高校数量	高校总数	公开学校章程的高校比例
河北省	11	57	19.3
山西省	18	31	58.1
内蒙古自治区	3	17	17.6
辽宁省	20	65	30.8
吉林市	10	37	27.0
黑龙江省	14	38	36.8
上海市	28	38	73.7
江苏省	32	77	41.6
浙江省	10	57	17.5
安徽省	13	44	29.5
福建省	12	35	34.3
江西省	11	42	26.2
山东省	19	68	27.9
河南省	10	51	19.6
湖北省	23	67	34.3
湖南省	21	51	41.2
广东省	28	62	45.2
广西壮族自治区	9	36	25.0
海南省	3	6	50.0
重庆市	11	25	44.0
四川省	30	51	58.8
贵州省	3	27	11.1
云南省	7	31	22.6

（续表）

地　　区	公开学校章程的高校数量	高校总数	公开学校章程的高校比例
西藏自治区	0	3	0.0
陕西省	27	55	49.1
甘肃省	5	22	22.7
青海省	1	4	25.0
宁夏回族自治区	1	8	12.5
新疆维吾尔自治区	5	18	27.8

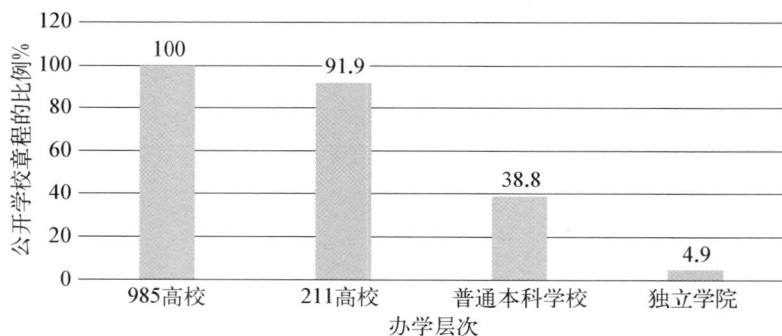

图 6‑5　不同层次高校公开学校章程的比例

　　高校行使的权力具有"公共性"特征，在高校的权力运行过程中，民主监督是必不可少的一环，通过民主监督来制约权力的运行，避免权力的滥用和误用。教职工代表大会是高校内部民主监督的基本形式，要推进教职工代表大会的实践，制定相关法律制度以规范教代会的内容和程序是前提。在国家层面，2012 年出台的《学校教职工代表大会规定》对我国教职工代表大会制度进行了纲领性的说明；为进一步明晰教代会在各高校中的地位作用及其职权范围、组织形式、运作程序和评估考核等问题，使其更具操作性，高校应当根据实际情况制定本校的教代会相关制度。调查发现,我国本科高校公开了"教职工代表大会制度"信息的有 560 所,占比为 45.9%。高校公开这一信息的途径有所不同,一些高校按照《高等学校信息公开办法》的规定,在信息公开网上发布,如北京交通大学、大连理工大学等,这样的高校数量不多;大多数高校是在学校工会的网站上发布这一信息,公众需要在工会的海量信息中筛选查找,便利性较差。高校的工会和教代会的性质和职责并不一致,将教代会和工会的信息混杂在一处发布不够合理,独立开辟教代会的网站又将耗费资源,因此,建议高校在工会网站上专门开辟"教职工代表大会"栏目,集中发布这一信息。此外,还应当按照《办法》的要求,将教代会的相关制度置于"信息公开网"中。

　　完善高校的治理结构是建设现代大学制度的必然要求,而高校治理的核心问题之一是协调行政权力与学术权力的关系。当前我国的高校内部管理以行政权力为主导,高校作为学术组织的根本属性被弱化。[①] 因此,需要建立健全以学术委员会为核心的学术管理体系,发挥学术委员会在大学治理中主导作用。2014 年,《高等学校学术委员会规程》颁布,要求高校制定本校的学术委员会章程,并建立年度报告制度,对学校在该年度的学术水平、学科发展、人才培养质量等进行评价,总结学术委员会的运行及履行职责的情况。调查显示,我国共有752 所高校发布了学术委员会相关制度或者年度报告,占比为 61.7%,有 38.3% 的高校未发布任何有关学术委员会的制度信息,已经公开的高校中,大多是发布了本校的学术委员会章程或实施细则,而发布了年度工作报告的高校则寥寥无几,虽然不排除部分高校已经撰写了"学术委员会年度报告"但没有对外公开的可能,但是无论是从《办法》的要求,还是发挥公众的监督力量从而促进高校学术委员会制度建设

---

①　毕宪顺,赵凤娟,甘金球.教授委员会:学术权力主导的高校内部管理体制[J].教育研究,2011(09):45-50.

的角度,高校都应当将学术委员会的年度报告向社会公开。目前我国多数高校对于学术委员会的年度报告还未给予足够的重视。

学校发展规划、年度工作计划及重点工作安排的高校有 430 所,占所调查高校的 35.3％,发展规划一般在高校发展规划处的网站上发布,而年度工作计划及重点工作安排一般只有开设了信息公开网的高校才会专门发布,基本上都是发布学校本年度的行政工作要点以及党建和思想工作要点。

54.5％的高校及时发布了信息公开年度报告,对于上一年度的信息公开工作进行总结,吸取经验、反思问题,提出改进措施,有利于上级部门、社会公众的监督和下一步工作的有效开展。

(二) 招生考试信息公开

1. 高考招生录取公开

高校招生是我国选拔人才的重要渠道,与人民群众利益密切相关,高校招生的公平公正不仅有利于高等教育事业的健康发展,对于维护社会和谐与稳定也具有重要意义。高校招生工作的公平公正一直以来备受公众的关注,而高校招生中的行为失范乃至腐败现象却时有发生,究其根源,在于未能实现招生考试信息的公开透明,高校招生的过程和结果没有被置于社会公众的监督之下。

为了使高校招生工作规范化、透明化,教育部于 2005 年发起了高考招生"阳光工程",建立了以"六公开"为主要内容的信息公开制度,此后各级教育主管部门和高等学校不断深入实施,取得了一定的成效。2013 年 7 月国务院办公厅印发了《当前政府信息公开重点工作安排》,其中要求进一步扩大高校招生信息公开范围。为回应这一要求,2013 年 10 月,教育部出台了《关于进一步推进高校招生信息公开工作的通知》,将高校招生信息的"六公开"扩展为"十公开",进一步规范了公开程序,细化了公开内容,并要求提高信息公开的时效。10 项公开内容中,有 3 项的信息公开责任主体为教育主管部门,其余7 项信息:招生章程,特殊类型招生办法,分批次、分科类招生计划,保送、自主选拔录取、高水平运动员和艺术特长生招生等特殊类型招生入选考生资格和测试结果,考生个人录取信息查询渠道和办法,分批次、分科类录取人数和录取最低分,招生咨询及考生申诉渠道,新生复查期间有关举报、调查及处理结果应当由高校公开。

我国本科高校高考招生信息公开的比例如表 6‐11 所示,本科生招生章程是高校本科生招生工作的指导原则,其内容包括学校基本办学情况、学历学位证书发放情况、招生计划编制原则、专业录取原则及实施办法、录取期间的调整计划、学费标准等,94.7%的高校公开了这一信息;公布学校的分批次、分科类招生计划的高校为 92.1%;公布考生录取的最低分和分批次、分科类录取人数,不仅能够促进高考招生的公正透明,也可以为学生报考志愿提供参考,有利于考生合理选择高校,然而该项信息是公开比例最低的高考信息,仅有 23.4%的高校公开。

表 6‐11 高校招生考试信息公开情况及政策法规依据

公 开 事 项	公开比例	有 关 文 件
10. 招生章程	94.7	
11. 特殊类型招生办法	97	
12. 分批次、分科类招生计划	92.1	《国务院办公厅关于印发当前政府信息公开重点工作安排的通知》(国办发〔2013〕73 号) 《高等学校信息公开办法》(教育部令第 29 号) 《教育部关于进一步推进高校招生信息公开工作的通知》(教学函〔2013〕9 号) 《普通高等学校招生违规行为处理暂行办法》(教育部令第 36 号)
13. 保送、自主选拔录取、高水平运动员和艺术特长生招生等特殊类型招生入选考生资格和测试结果	93.7	
14. 考生个人录取信息查询渠道和办法	71.0	
15. 分批次、分科类录取人数和录取最低分	23.4	
16. 招生咨询及考生申诉渠道,新生复查期间有关举报、调查及处理结果	95.2	

公 开 事 项	公开比例	有 关 文 件
17. 研究生招生简章	98.1	《教育部关于做好 2014 年全国硕士学位研究生招生工作的通知》(教学〔2013〕12 号)《教育部办公厅关于做好 2014 年硕士学位研究生招生考试执法监督工作的通知》(教监厅〔2013〕2 号)
18. 各院(系、所)或学科、专业招收研究生人数	77.4	
19. 研究招生专业目录	95.1	
20. 研究生复试录取办法	77.4	
21. 参加研究生复试的考生成绩	48.8	
22. 拟录取研究生名单	75.2	
23. 研究生招生咨询及申诉渠道	97.6	

《当前政府信息公开重点工作安排》中要求"重点加强招收保送生、具有自主选拔录取资格考生、高水平运动员、艺术特长生等有关政策和信息的公开工作,加大对考生资格及录取结果的公开公示力度",2014 年有保送生、具有自主选拔录取资格考生、高水平运动员、艺术特长生招生资格的高校共计 268 所,其中公开了以上特殊类型招生的招生办法的高校占比为 97%,公开了特殊类型招生入选的考生资格和测试结果的高校占比为 93.7%。高校特殊类型招生是打破应试教育"唯分数论"弊端的有益探索,但是其公正性一直以来备受质疑,招生"黑幕"也屡见不鲜。要想兼顾高校的多样化人才选拔方式和维护高等教育机会公平,实现特殊类型招生的透明化,防止特殊类型招生中自由裁量权的滥用和误用是有效方式,而入选考生是否具备入选的资格、入选考生的测试结果是其中的关键,高校这两项信息的公开率较高,表明特殊类型招生正逐步走向透明化。但是,目前高校公开的具有特殊类型招生入选资格的考生名单中,仅公开了考生姓名、所在省份、高中就读学校、测试项目、测试成绩、录取专业 6 项信息。有学者指出,这样的信息公开含金量不足,对于特殊类型

招生中的两个关键问题：未通过特殊类型招生选拔初审的原因；面试试题来源、专家团队成员没有予以公开，这使考生和公众对此仍然存有疑虑；95.2％的高校公开了招生咨询及考生申诉渠道，或是新生复查期间有关举报、调查及处理结果的信息，当高考招生出现违规违法行为时，考生可以通过一定的渠道申诉，有利于及时发现招生中的违规行为。

2. 研究生招生考试信息公开

研究生招生考试的公平公正是提高研究生生源质量，从而提升研究生的人才培养质量的重要保证。另一方面，研究生招生考试的时间跨度大、信息面广，及时获取招考信息，例如学校的分专业招生人数、接收推荐免试人数、报考人数等对于考生来说具有重要意义。因此，将研究生招生考试信息及时、全面、规范地对外公开，一方面能够使考生和公众形成舆论监督力量，减少招生中的不公正行为；另一方面，能够使考生平等地获取招考信息，这都有利于促进教育公平。

2014 年全国具有研究生招生资格的高校共有 572 所，《清单》中要求公布的 7 项研究生招考信息中，研究生招生简章、研究生招生咨询及申诉渠道和研究招生专业目录的公开比例最高，分别为 98.1％、97.6％和 95.1％。绝大多数高校为考生提供了举报的电子信箱、电话号码、受理举报单位及其通信地址等申诉渠道，并按照有关规定及时调查处理。各院（系、所）或学科、专业招收研究生人数、研究生复试录取办法和拟录取研究生名单这三项信息的公开比例分别为 77.4％、77.4％和 75.2％。按照教育部的规定，拟录取考生的名单要进行公示，未经公示的考生不得录取，因此正常情况下应当所有高校都公开了拟录取的考生名单。在本研究的数据收集期间，部分高校的"研究生拟录取名单"一项下显示"已过公示日期"，造成拟录取名单的公开率为 75.2％的原因是教育部门要求"公示时间不少于 10 个工作日"，而《清单》和《办法》中对于高校信息的公开时长并未做出规定，导致了部分高校仅按照最低标准公示。因此，《清单》和《办法》应当完善有关信息公开时限的规定,避免高校以"已过公示期"为理由不予公开。按照《2015年全国硕士学位研究生招生工作管理规定》中的要求,招生高校应当将参加复试所有考生(含拟录取考生)的初试成绩、复试成绩、总成绩(初试成绩和复试成绩加权后的成绩)等信息公布,然而在实际调查中发现,"参加研究生复试的考生成绩"这项信息的公开比例最低,仅为48.8%,与其他6项信息的公开率差距显著。可见,在研究生复试方面,筛选进入复试的考生环节信息公开较弱,可能的原因是筛选参加复试的学生的主要依据是客观的初试分数,而进入复试后的面试环节主观因素较大,因此较为敏感的"复试考生名单"、"复试考生的初试成绩"的公开情况相较于"研究生拟录取名单"较差。

类似于高考中的自主招生、保送生、高水平运动员,研究生招考中也有推荐免试、少数民族骨干计划、单独考试、破格录取等特殊类型的录取,教育部办公厅《关于做好2015年硕士学位研究生招生考试执法监察工作的通知》中也特别强调了要加强对于研究生特殊类型录取考生的信息公开工作检查力度,然而《办法》和《清单》中都未见到对于研究生特殊类型招生的信息公开规定,这是未来应当完善的重点。

总体来看,我国本科高校高考招考的信息公开比例达到了81%,研究生招考信息的公开比例为81.4%,招生考试信息在《清单》要求公开的10类信息中透明度最高,表明教育部实行高校招生"阳光工程"取得了一定的成果。然而,在其中也存在一些问题:考生录取最低分、分批次分科目录取人数这项相对敏感且直观的信息公开比例最低,而一些章程、政策等文字类的信息公开比例高;研究生特殊类型招生信息还未被纳入应当公开的信息类别中,这些都还有待提升和改进。

(三)财务信息公开

高校的财务信息公开一直备受关注,然而学者对近年来高校财务信息公开的研究表明,我国高校财务信息公开情况很不乐观。例如陈盈调查发现:2014年,在京、津、沪、鲁、冀、辽6个省市的521所

表 6 - 12　高校财务信息公开情况及政策法规依据

公 开 事 项	公开数量	公开比例	相 关 文 件
24. 财务、资产管理制度	582	47.7	《高等学校信息公开办法》
25. 受捐赠财产的使用与管理情况	201	16.5	
26. 校办企业资产、负债、国有资产保值增值等信息	138	11.3	
27. 仪器设备、图书、药品等物资设备采购和重大基建工程的招投标	813	66.7	
28. 收支预算总表、收入预算表、支出预算表、财政拨款支出预算表	484	39.7	《国务院办公厅关于印发当前政府信息公开重点工作安排的通知》《高等学校信息公开办法》《教育部关于做好高等学校财务信息公开工作的通知》《教育部关于进一步做好高等学校财务信息公开工作的通知》
29. 收支决算总表、收入决算表、支出决算表、财政拨款支出决算表	471	38.6	
30. 收费项目、收费依据、收费标准及投诉方式	586	48.1	《高等学校信息公开办法》

高校(包括本科、专科)中,按照宽松口径统计(包括在信息公开专栏或财务处网站公开信息,内容包括文件规定的全部或者部分财务信息内容),公开了财务信息的高校仅有 87 所,比例仅为 16.7%。[①] 而本研究于 2015 年底进行的调查结果显示,在《清单》要求公开的 10 类信息中,财务信息公开的比例最低,平均公开比例仅为 34%(同样按照宽松口径统计)。其中,有 66.7% 的高校公开了"物资设备采购

①　谢立本,李华军.我国高校财务信息披露问题及对策——基于高校治理的视角[J].财会月刊,2015(08):42 - 44.

和重大基建工程的招投标"信息,相较于其他几项财务信息公开比例较高,近半数的高校公开了收费信息和财务资产管理制度信息,公开收支预算表和收支决算表的高校比例分别为 39.7% 和 38.6%,而公开了受捐赠财产的使用管理情况以及校办企业资产负债、国有资产保值增值的高校比例仅为 16.5% 和 11.3%。

考虑到高校的财务信息类目繁多,泛泛言之很难有深入的发现,并且已经有很多学者从宏观上探究高校财务信息公开情况,因此,本研究选取高校信息公开的一个方面——大学基金会信息公开进行深入研究。选取"大学基金会信息",主要是出于以下两方面的考虑:首先,本研究的调查结果表明,在 7 项财务信息中,高校公开"受捐赠财产的使用与管理情况"的比例偏低,因此需要重点研究;其次,近年来捐赠收入的重要性不断提升,大学基金会在学校办学活动中发挥着越来越重要的作用,与此同时基金会的透明度也一直备受社会关注。民政部于 2004 年出台的《基金会管理条例》(以下简称《条例》)以及 2006 年出台的《基金会信息公布办法》(以下简称《办法》)都要求基金会做好信息公开工作。但近期曝光的一系列慈善腐败事件,引发了社会对于基金会的公信力危机,也暴露出了基金会信息公开的严重不足。捐赠是支持大学发展的重要资金,捐赠者、高等教育管理部门、基金会主管部门乃至社会公众对于大学基金会能否有效运作、是否规范管理,捐赠资金能否被合规使用十分关注。因此,对大学基金会信息公开进行研究不仅重要,而且紧迫。

本文所指的大学基金会是由大学设立发起,以服务大学为目的的非营利性筹款与捐赠管理机构,主要为大学各项教育活动筹集资金,不包括由大学以外的组织、个人或是大学的下属学院发起的基金会,以及针对大学内特定领域或对象的基金会。截至 2015 年 11 月,我国共有大学基金会 387 家。

基金会中心网联合清华大学廉政与治理研究中心开发了中基透明指数(FTI),该指数被广泛应用于评价基金会的信息公开状况。

FTI 涵盖 45 项具体指标,这些指标分属于基本信息、财务信息、项目信息、捐赠及内部建设信息,对这四类信息的透明度得分进行标准化后,349 家大学基金会的信息透明度平均得分分别为 6.5、5.7、5.5、4.5。大学基金会四类信息的公开程度按顺序由高到低分别为:基本信息、财务信息、项目信息、捐赠及内部建设信息。可获得信息的我国 349 家大学基金会对 45 项具体指标的公开情况见表 6-13。在 41 项信息公开内容指标中,公开情况较好(表 6-13 中公开比例超过 90%)的 28 项指标,例如全职员工数、理事姓名、原始基金、基金会宗旨等都是民政部统一编制的《年度工作报告》中要求填写的内容,而年报中没有要求填写的信息,例如秘书长简历、原始基金会出资方、基金会章程、理事工作单位、姓名、职务、薪酬,以及人事、财务、项目管理制度等,则鲜有大学基金会主动公开。

表 6-13　我国大学基金会公开 FTI 指标的数量

类　别	具　体　指　标	公开数量	占　比
基本信息	章程	189	54.2%
	全职员工数	325	93.1%
	理事姓名	324	92.8%
	原始基金	343	98.3%
	原始基金出资方	166	47.6%
	理事工作单位	216	61.9%
	宗旨	344	98.6%
	联系电话	346	99.1%
	秘书长简历	37	10.6%
	办公地址	349	100%
	登记证号、宗旨、成立时间、理事会职务、理事薪酬	未统计	未统计

类　别	具　体　指　标	公开数量	占　比
财务信息	审计报告	323	92.6%
	总资产	331	94.8%
	净资产	331	94.8%
	总收入	331	94.8%
	捐赠收入	331	94.8%
	投资收益	331	94.8%
财务信息	政府补助收入	331	94.8%
	服务收入	331	94.8%
	总支出	331	94.8%
	公益事业支出	331	94.8%
	净资产	331	94.8%
	工资福利支出	330	94.6%
	行政办公支出	331	94.8%
	业务活动成本	331	94.8%
	管理费用	331	94.8%
	筹资费用	331	94.8%
项目信息	项目名称	314	90%
	项目概述	314	90%
	项目收入	314	90%
	项目支出	314	90%
	项目地点	311	89.1%
	活动领域	313	89.7%
	资金用途	313	89.7%
	项目展示栏目	132	37.8%

（续表）

类　别	具体指标	公开数量	占　比
捐赠及内部 建设信息	捐赠方查询模块	126	36.1％
	机构官网	203	58.2％
	信息公开栏目	85	24.4％
	主要捐赠人信息	324	92.8％
	人事管理制度	44	12.6％
	财务管理制度	89	25.5％
	项目管理制度	70	20.1％
	年度工作报告	328	94％

　　调查发现，我国大学基金会信息公开的范围狭窄，部分重要信息没有公开或公开情况不佳。在治理信息方面，公开了章程、管理制度（人事管理制度、财务管理制度、项目管理制度）、理事工作单位、秘书长简历的大学基金会的比例仅为 54.2％、12.6％、25.5％、20.1％、61.9％和10.6％，而基金会行为准则、利益冲突解决办法这些美国的大学基金会惯常公开的信息在我国大学基金会中几乎无迹可寻。良好的治理规范是大学基金会有效运行的保障，治理信息的公开情况不佳使公众很难对其产生信任感。此外，捐赠使用效益信息的公开也严重不足。美国的大学基金会十分注重对捐赠使用效益信息的公开，不仅在年度报告中详细公开捐赠的用途，还公开了投资效益的数据，包括基金会投资的资金价值、投资的资金分类、投资收益与预期收益的比较。捐赠资金是否被合理使用、是否产生了预期的效应是捐赠者、基金会主管部门以及社会公众关注的焦点，而这类信息不论是在我国大学基金会的门户网站、官方微博还是基金会中心网等第三方平台中都难觅踪影。

　　《条例》和《办法》要求基金会每年 3 月 31 日前向登记管理机关

报送上一年的《年度工作报告》，内容包括财务会计报告、审计报告、开展募捐、接受捐赠、提供资助的情况以及人员和机构的变动情况等，并且按照统一的格式要求，在登记管理机关指定的媒体上公布《年度工作报告》的全文和摘要。据统计，参与 2015 年 11 月份 FTI 测评的 349 家大学基金会中，有 328 家，即 94％的大学基金会落实了这一要求，公开了《年度工作报告》。对于要上报登记管理机关的《年度工作报告》中包含的信息，大学基金会的公开情况较好，而年报中没有要求填写的信息则公开情况不佳。

大学基金会已公开的信息中也存在疏漏。以《年度工作报告》为例，存在公开不全面、不具体的情况，有些学校的基金会只公示了年度报告摘要，有些基金会只公布了近一两年的年度报告，即使是 FTI 得分高于 90 分的 19 家大学基金会中，也还有 7 家未公开 2010—2014 年年度报告的全文。例如，南京航空航天大学教育发展基金会仅公开了 2012 年、2013 年的年度工作报告全文，2014 年的年度报告仅公开了摘要；西北工业大学教育基金会仅公开了 2014 年度的工作报告，2010—2013 年度仅公开了审计报告；江苏大学教育发展基金会只公布了 2013 年、2014 年两年的年度报告。总体来看，鲜有学校公开详细而全面的历年工作报告。公开的年度报告中也存在内容有误或不完整的情况，个别报表中存在明显的错填或乱填的信息：学校本身有众多专项基金，但"专项基金总数"一栏显示为零；财务报告的部分数据缺失留白。尽管民政部编制了《年度工作报告》的统一的格式文本，但对于统计口径或是某些概念界定模糊，而实践中各大学基金会的财务会计处理方式不尽相同，多数基金会也未对统计口径进行详细说明，造成了数据的可用性较低。

相较于美国、英国大学在年度财务报告中公开的广泛而详尽的信息（详见第五章表 5－4，5－12），我国《办法》中仅要求高校公开 7 项信息，然而从调查结果来看，我国高校对于这 7 项财务信息的公开比例很低，从单项信息（受捐赠财产的使用与和管理情况）的具体公开情况看,公开的信息还存在不尽不全之处,我国高校财务信息的公开情况还有较大的提升空间。

（四）人事师资信息公开

表6‑14 高校人事师资信息公开情况及政策法规依据

公 开 事 项	公开数量	公开比例	相 关 文 件
31. 校级领导干部社会兼职情况	539	44.2	《中共教育部党组关于进一步加强直属高校学校领导班子建设的若干意见》
32. 校级领导干部因公出国(境)情况	526	43.2	《中共教育部党组关于进一步加强直属高校党员领导干部兼职管理的通知》
33. 岗位设置管理与聘用办法	685	56.2	《高等学校信息公开办法》《党政领导干部选拔任用工作条例》《事业单位公开招聘人员暂行规定》
34. 校内中层干部任免、人员招聘信息	1 011	82.9	
35. 教职工争议解决办法	161	13.2	

2014年2月,教育部发布《中共教育部党组关于进一步加强直属高等学校领导班子建设的若干意见》(以下简称《意见》)中要求高校应当将校级领导干部的社会兼职和因公出国(境)等情况在校内公示。而2014年7月教育部出台的《高校信息公开事项清单》中将这两项信息的公示范围从校内扩展到了向全社会公开。本研究的调查结果显示,我国本科高校中,公开了校级领导干部社会兼职情况的比例为44.2%,公开了校领导因公出国(境)情况的比例为43.2%。

高校领导社会兼职的现象有其一定的社会背景。改革开放以来,尤其是20世纪90年代以后,"人才强国"日益成为带动国家社会经济发展的重要战略,高校以其智力优势在其中扮演了重要角色,国家积极倡导高校的科研为地区经济发展服务,高校的领导干部开始到企业等经济团体担任职务,密切了校企合作,高校的学科建设与地方经济发展紧密结合①，体现了大学的社会服务功能。但是，近年来，高校领导干部社会兼职呈现无序化、泛滥化的发展态势，部分干部不能安心本职工作，办学治校精力不够集中，损害了高校的健康发展。近年来，提高高校领导干部的职业意识已成为高校的师生员工以及社会公众比较关注的问题。为此，《意见》专门提出"强化高校领导干部的职业意识"，要求高校领导干部要"减少社会兼职和学术活动"，"严格遵守因公、因私出国（境）管理的各项规定，以学者身份出国（境）进行个人学术交流活动应安排在假期进行"。教育部《关于高等学校领导班子及领导干部深入解决"四风"突出问题的有关规定》中，进一步要求"高校领导干部不得在经济实体中兼职和领取薪酬，兼职活动时间每年不超过 25 天，在社会团体中兼职不得超过 2 个，在社会兼职情况要在学校网站向社会公开。"高校将校级领导干部所兼任的职务名称、兼职时长公之于众，能够发挥校内师生员工和校外公众的监督作用，形成舆论压力，以规范高效领导干部的兼职行为。在本研究中，高校只要在官方网站或是信息公开网站上公开了校级领导社会兼职的职务名称，即可视为公开了这项信息，但是达到这一要求的高校仅有 44.2%。公开的高校中，公开的深度也各不相同，以北京地区的高校为例，66 所高校中有 39 所高校对外公开了这项信息，有的高校还特别注明该校领导干部的社会兼职情况已"获教育部批准"，其中，中国矿业大学、中国石油大学（北京）、北京外国语大学等高校还特别注明校领导的"社会兼职"是否"取酬"，而清华大学仅说明"校级领导无企业兼职情况"，对于其他类型的社会兼职情况并未提及，多数高校仅公开了兼职的职务名称，对于兼任的时长未进行说明，还有的学校仅在部分校领导的个人简介中提及社会兼职情况，而没有专门列出"校级领导干部"这项信息，公开的

①　刘静，孟新，李吉海.高校党员领导干部兼职管理的困境与对策[J].高等建筑教育，2014(02)：152－156.

方式不够规范。

1 219 所本科高校中,526 所高校公开了校领导因公出国(境)的相关情况,但披露程度则更加深浅不一,仍以北京地区的高校为例,已经公开这项信息的 41 所高校中,中国人民大学、北京交通大学等约 10 所高校只是简要罗列出了出国(境)的领导姓名、出国(境)的时间、地点和出访任务,有的高校的"校领导因公出国(境)"信息只能通过校内网站查询。北京大学、北京科技大学、清华大学等高校虽注明了出国(境)的经费来源,但未说明具体数额。华北电力大学、中国矿业大学和北京化工大学等高校还详细公布了校领导的行程安排,将出访的预算进行公示,并列出举报热线,尤其是中国矿业大学将领导出国信息的公开细致到航班号、每天的餐费。

2007 年,人事部颁布了《高等学校岗位设置管理指导意见》,旨在为高校的岗位设置管理提供指导。高校制定的"岗位设置管理与聘用办法"一般包括岗位设置的基本原则、岗位设置与聘任的范围、岗位类别设置与结构比例、岗位总量与等级设置及结构比例、岗位聘用,包括各类岗位的聘用条件、聘用组织和工作机构、聘用程序等内容,对于深化高校人事管理制度改革,合理配置学校人力资源,加强规范管理,优化专业技术、管理和工勤人员的队伍结构具有重要意义。高校岗位设置管理涉及面广、情况复杂,不仅要科学设置各类各级岗位,还要对外(尤其是对教职工)公开岗位的设置情况和聘任条件,在保障教职工知情权的前提下才能实现"科学设岗、公开竞争、择优聘用",才能实现公平公正的人才选拔制度,充分调动教职员工的积极性、主动性,促进高校的人才队伍建设。在实践中,我国有 685 所本科高校公开了本校的"岗位设置管理与聘用办法",占全部本科高校数量的 56.2%。一些高校还进一步深化细化岗位设置管理与实施办法,例如北京理工大学制定并公开了专门针对教师岗位、其他专业技术岗位设置和聘用的实施细则,中国政法大学公开了科级领导岗位的聘任办法。公开了"校内中层干部任免、人员招聘信息"的高校比例为 82.9％，而仅有 13.2％的高校公开了"教职工争议解决办法"，分别为人事师资信息中公开比例最高和最低的信息。全国教育事业发展统计公报显示，截至 2014 年，全国共有普通高等学校和成人高等学校 2 824 所，普通高等学校教职工 233.57 万人，比上年增加 3.95 万人[①]，随着高校人事制度改革的不断深入，涉及广泛的高校和教师群体，必然引发一些人事争议。一项面向全国 60 所高校的 346 位教职工的"高校人事争议调查"显示，高校与教职工发生争议的比率呈上升趋势，高校教职工认为，"高校人事争议解决的规则和程序不规范"是高校人事争议产生的主要原因之一，56％的高校教职工认为通过完善高校与教职工人事争议的相关政策，可以有效减少和避免高校人事矛盾。[②] 而高校公开该项信息的比例之低显示了高校处理人事与劳动争议的规章制度还不够健全，不利于维护教职工的合法权益和构建高校和谐的人事关系。

（五）教学质量信息公开

《高等学校信息公开事项清单》中，罗列了高校应当公开的 9 项信息，其中本科生占全日制在校生总数的比例、教师数量及结构；专业设置、当年新增专业、停招专业名单；全校开设课程总门数、实践教学学分占总学分比例、选修课学分占总学分比例；主讲本科课程的教授占教授总数的比例、教授授本科课程占课程总门次数的比例，这四项信息是教育部要求各高校在《本科教学质量报告》中应当公开的数据信息。促进毕业生就业的政策措施和指导服务以及毕业生的规模、结构、就业率、就业流向这两项信息是教育部要求高校在《高校毕业生就业质量年度报告》中公开的信息。此外，教育部还要求自 2014 年起部属高校要提交学校艺术教育发展年度报告。

---

① 教育部.2014 年全国教育事业发展统计公报[EB/OL][2016-7.25] http://www.moe.edu.cn/srcsite/A03/s180/moe_633/201508/t20150811_199589.html.

② 施节敏.高校人事管理问题探析及相应建议——基于人事争议的问卷调查结果[J].北京印刷学院学报,2014(03)：64-67.

表 6 - 15　高校教学质量信息公开情况及政策法规依据

公 开 事 项	公开数量	公开比例	相 关 文 件
36. 本科生占全日制在校生总数的比例、教师数量及结构	709	58.2	《国家中长期教育改革和发展规划纲要（2010～2020 年）》《教育部办公厅关于普通高等学校编制发布 2013 年〈本科教学质量报告〉的通知》
37. 专业设置、当年新增专业、停招专业名单	1 155	94.7	
38. 全校开设课程总门数、实践教学学分占总学分比例、选修课学分占总学分比例	629	51.6	
39. 主讲本科课程的教授占教授总数的比例、教授授本科课程占课程总门次数的比例	605	49.6	
40. 促进毕业生就业的政策措施和指导服务	980	80.4	《高等学校信息公开办法》《教育部办公厅关于编制发布高校毕业生就业质量年度报告的通知》
41. 毕业生的规模、结构、就业率、就业流向	1 015	83.3	
42. 高校毕业生就业质量年度报告	1 010	82.8	
43. 艺术教育发展年度报告	107	8.8	《学校艺术教育工作规程》《教育部关于推进学校艺术教育发展的若干意见》
44. 本科教学质量报告	654	53.7	《教育部办公厅关于普通高等学校编制发布 2013 年〈本科教学质量报告〉的通知》

1. 本科教学质量报告公开

《国家中长期教育改革和发展规划纲要（2010～2020 年）》中提

出"全面提升高等教育质量，建设高等教育强国"。当前我国高等教育已经步入大众化时代，高等教育发展的重心从规模的扩张转移到了质量的提升。高等教育的质量包括多种内涵，例如科学研究的质量、社会服务的质量以及人才培养质量，其中，人才培养质量是高等教育的核心，同时也是高等教育质量中各方利益相关者关注的焦点。学生及其家长关注高校的人才培养情况，希望了解未来的发展前景和教育投资回报；用人单位关心大学生的素质和技能；政府关注高校培养的人才是否能够满足国家社会经济发展的需求。在高等教育大众化时代，高等教育利益相关者更加广泛，与社会的关系更加密切，社会公众对于高校的知情愿望更加强烈，高校主动公开人才培养质量信息，回应社会关切，变被动接受问责为主动公开，接受社会评议，是高校适应与外部关系变化的明智之举。为顺应这一时势，2011 年教育部要求"985 工程"高校率先向社会公开《本科教学质量报告》，2012 年推广到了"211 工程"高校，2013 年所有的本科高校都要向社会公开《本科教学质量报告》，并且对高校提出了编写《本科教学质量报告》的基本要求和数据支撑。

高校在《本科教学质量报告》中公开的信息主要有以下 7 类：一是本科教育的基本情况，包括人才培养目标、专业设置、在校生数量及本科生所占比例、本科生源质量；二是教学条件与师资力量，包括教师数量与结构、生师比、本科生主讲教师情况、教授为本科生上课的情况、教学经费、教学用房、图书、设备、信息资源；三是教学建设与改革，包括专业建设、课程建设、教材建设、教学改革，以及本科培养方案的特点，开设课程门数及选修课程开设情况、课堂教学规模、实践教学、毕业论文（设计）以及学生创新创业教育；四是本科教学的质量保障，学校人才培养中心地位落实情况、校领导班子研究本科教学工作情况、出台的相关政策措施，教学质量保障体系建设、日常监控及运行情况，本科教学基本状态分析，开展专业评估、专业认证、国际评估情况等；五是学生的学习效果，包括学生学习满意度、应届本科生毕业情况、学位授予情况、攻读研究生情况、就业情况、社会用人单位对毕业生评价、毕业生成就；六是学校的本科教育特色；七是本科教学质量存在的突出问题，出现问题的原因，以及解决问题的措施。

　　根据本研究的调查结果，1 219所本科高校中，有654所高校公开了2014年度的《本科教学质量报告》，不同办学层次的高校公开情况如表6－16所示，《本科教学质量报告》的公开情况与办学层次有明显关联。列入"985"计划的38所大学中，除了西北工业大学和四川大学未公开以外，其余全部设公开了2014年度的本科教学质量，非"985"的"211"大学公开的比例为87.8％，普通本科学校为60.7％，而将范围进一步扩大到独立学院，这一比例则大幅下降，仅为19.7％。

表6－16　不同类型的高校公开本科教学质量报告的情况

办　学　层　次	学校数量	公开数量	公开比例
"985"高校	38	36	94.7％
"211"高校	74	65	87.8％
普通本科学校	817	496	60.7％
独立学院	290	57	19.7％

　　2. 高校毕业生就业质量年度报告

　　如果说《本科教学质量报告》侧重于从人才培养的过程反映高校的教育质量，那么《高校毕业生就业质量年度报告》则是从人才培养的结果考量高校的人才培养质量，二者同为高校教学质量信息的重要载体，是改进高校教学质量的重要抓手。通过向社会公开就业质量报告，高校能够获得外界对于就业状况的反馈，从而引导高校不断改进教学模式和专业设置；同时也是促使我国高校教学质量信息发布规范化、常态化的重要举措。2013年，教育部《关于编制发布高校毕业生就业质量年度报告的通知》中要求"教育部直属高校应在2014年2月底前、其他部门所属高校和地方所属本科高校应在2014年底前完成首次毕业生就业质量年度报告编制发布工作,此后高校应在每年年底前发布当年就业质量年度报告"。本研究于 2015 年 11 月对 1 219 所本科院校的《2014 年高校毕业生就业质量年度报告》公开情况进行调查,结果显示,有 1 010 所高校公开,公开的高校占比为 82.8%。

"985"高校中,中国农业大学仅公开了 2013 年的毕业生就业质量报告,直至 2015 年 11 月都还未发布 2014 年度毕业生就业质量报告;西安交通大学在信息公开网站中没有关于毕业生就业情况的任何信息,其余 36 所高校均公开了 2014 年度的毕业生就业质量报告。虽然不同办学层次的高校公开该项信息的比例仍然呈现"985"高校>"211"高校>普通本科学校>独立学院的现象,但是相较于《本科教学质量报告》的公开比例,差距明显缩小。

3. 艺术教育发展年度报告

艺术教育是高校培养人才不可或缺的部分,教育部《关于推进学校艺术教育发展的若干意见》中要求建立学校艺术教育发展年度报告制度,"从 2014 年开始,省级教育行政部门和部属高等学校要向教育部提交学校艺术教育发展年度报告",高校的公共艺术教育有别于专业艺术教育,它是面向全体学生,旨在培养学生的审美能力,陶冶情操,激发想象力和创新意识,促进学生的全面发展和健康成长。[①]由于教育部仅要求部属高校提交年度报告,因此该项信息的公开程度很低,教育部直属的 75 所高校全部公开了 2014 年度的艺术教育发展年度报告,另外还有中国人民公安大学、天津体育学院、天津大学仁爱学院、太原师范学院等 32 所高校,在没有明确的政策要求的情况下,积极主动地公开了本校的艺术教育发展情况。在调查中,还发现部分高校存在该项信息公开只有"空壳"的现象。由于"艺术教育发展年度报告"是《高等学校信息公开事项清单》中列出的一项,但是现有规定中仅要求部属高校提交报告,因此许多高校在信息公开

---

① 贾韬.论高校艺术教育的性质与功能[J].江苏高教,2015(02):97-98.

网站中列出了"艺术教育发展年度报告"这一公开事项，但是却并未发布该项信息，例如北京语言大学、天津中医药大学"艺术教育发展报告"的链接打开后是教务处网站，并且网站上并没有发布艺术教育发展年度报告；天津师范大学的信息公开网站上标明艺术教育发展报告团委主页，但是网页却无法访问。这表明，即使是《高等学校信息公开事项清单》中列出的信息，如果未有明确的政策法规要求公开，高校公开的效果仍然欠佳，反映了高校在信息公开中的主动性不足，而是依赖于上级部门的监督和检查。

（六）学生管理服务信息公开

表 6‑17　高校学生管理服务信息公开情况及政策法规依据

公 开 事 项	公开数量	公开比例	相 关 文 件
45. 学籍管理办法	987	81.0	
46. 学生奖学金、助学金、学费减免、助学贷款、勤工俭学的申请与管理规定	1 073	88.0	《高等学校信息公开办法》
47. 学生奖励处罚办法	969	79.5	《普通高等学校学生管理规定》
48. 学生申诉办法	866	71.0	《高等学校信息公开办法》

学生是高校中数量最大的群体，也是高校的重要组成部分，学生的学籍、奖助学金、助学贷款以及奖惩办法等与学生的切身利益密切相关，"不以规矩，不能成方圆"，将学校有关学生管理与服务的规章制度公开，一方面让学生对学校的管理制度心中有数，了解自己的权利和义务，避免触碰"高压线"；另一方面对于学校提供的各项资助和服务的流程有所了解，以根据自身需要申请。另外，对于学校管理中出现的有损学生正当利益的行为，学生有申诉的权利，而高校提供学生申诉的途径，并将学生申诉处理办法公开，有利于学生维护自己的正当权益。目前高校公开学生管理服务信息的比例仅次于招生录取

信息,对于《清单》中要求公开的 4 项信息:学籍管理办法;学生奖学金、助学金、学费减免、助学贷款、勤工俭学的申请与管理规定;学生奖励处罚办法;学生申诉办法的公开比例分别为:81％、88％、79.5％和 71％。

（七）学风建设信息公开

表 6－18　高校学风建设信息公开情况及政策法规依据

公 开 事 项	公开数量	公开比例	相 关 文 件
49. 学风建设机构	666	54.6	《教育部关于切实加强和改进高等学校学风建设的实施意见》
50. 学术规范制度	651	53.4	
51. 学术不端行为查处机制	351	28.8	

大学是传播人类精神文明、追求真理之神圣殿堂,然而近年来高校的教学和科研活动中出现了浮躁之风,学术不端、考试舞弊等行为时有发生,自 2012 年,教育部开展了高校的学风建设的专项治理行动,以整治不良学风。教育部《关于切实加强和改进高等学校学风建设的实施意见》中指出,当下高校的学风建设工作已经刻不容缓,要求高校成立专门的学风建设机构,加强学术规范制度建设,健全学术不端行为查处机制,并将学风建设机构、学术规范制度和学术不端行为查处机制落实和公开,而公开了这 3 项信息的高校比例分别为54.6％、53.4％和 28.8％,学术不端行为查处机制的公开率显著低于学风建设机构和学术规范制度,《意见》中还要求高校按年度发布学风建设工作报告,但在调查期间,几乎没有高校在信息公开网站上公开这一信息。《学风建设工作报告》并未被列入《高等学校信息公开事项清单》中,但是编制并公开学风建设工作报告,对于促进高校学风建设无疑具有重要作用,并且教育部明文要求高校公开,该项信息的公开程度之低反映了高校没有充分认识到学风建设对于本校发展的作用,对于《清单》中没有要求公开但十分重要的信息仍漠然处之,

诚如教育部的有关负责人所言，"《清单》所列的 50 条只是一个底限要求"，如果高校仅仅把信息公开当成应付上级交代的任务，那么信息公开工作将难以深入。

（八）学位、学科信息公开

表 6－19　高校学位学科信息公开情况及政策法规依据

公 开 事 项	公开数量	公开比例	相 关 文 件
52. 授予博士、硕士或学士学位的基本要求	915	75.1	《高等学校信息公开办法》《关于进一步加强在职人员攻读硕士专业学位和授予同等学力人员硕士、博士学位管理工作的意见》《关于开展增列硕士专业学位授权点审核工作的通知》《关于委托部分学位授予单位自行审核博士学位授权一级学科点和硕士学位授权一级学科点的通知》《关于发布〈国务院学位委员会关于授予具有研究生毕业同等学力人员硕士、博士学位的规定〉的通知》《关于启用"全国同等学力人员申请硕士学位管理工作信息平台"的通知》
53. 拟授予硕士、博士学位同等学力人员资格审查和学力水平认定	270	47.2	
54. 新增硕士、博士学位授权学科或专业学位授权点审核办法	236	41.3	
55. 拟新增学位授权学科或专业学位授权点的申报及论证材料	223	18.3	

为了保证和不断提高人才培养质量，需要将学位学科信息向社会公开，这有利于各方加强对于人才培养、学业水平认定以及学位授予等环节的监督，尤其是研究生教育改革发展以来，在深化改革、创新培养模式的新形势下，授予同等学历人员硕士、博士学位的工作也面临着如何保证被授予人员的资质达到学历水准的挑战。《办法》中要求公开的学位、学科信息有 5 项，其中"授予博士、硕士或学士学位的基本要求"公开比例最高，达到了 75.1%，公开了"拟授予硕士、博士学

位同等学力人员资格审查和学力水平认定"和"新增硕士、博士学位授权学科或专业学位授权点审核办法"的高校的比例分别占 47.2％和 41.3％。向社会公开了"拟新增学位授权学科或专业学位授权点的申报及论证材料"的高校比例最低,仅占全部本科高校的 18.3％。

（九）对外交流合作信息公开

表 6 - 20　高校对外交流合作信息公开情况及政策法规依据

公 开 事 项	公开数量	公开比例	相 关 文 件
56. 中外合作办学情况	368	77.1	《教育部关于进一步加强高等学校中外合作办学质量保障工作的意见》
57. 来华留学生管理相关规定	526	69.7	《高等学校接受外国留学生管理规定》

随着科学技术的发展,通讯、交通越来越便利,国际学术交流越来越紧密,20 世纪 90 年代以来,高等教育的国际化进程不断加快,跨国教育也日益兴盛。高等教育的国际化趋势为我国高等教育的发展带来了机遇和挑战,在这一背景下,中外合作办学成为我国高等教育国际交流的重要途径。近年来,我国的中外合作办学的规模有了一定的发展。由于中外合作办学突破了国家的界限,涉及中外两方,并且发展历史短,还没有形成成熟的机制,因此在发展中一些问题逐渐突显,例如,如何对中外合作办学项目和机构进行监管,如何防止资质不良的境外机构的引入,如何规范其招生、收费、文凭颁发等事宜。从一些跨国教育起步较早、发展较为成熟的国家的经验来看,由办学机构或是第三方机构向外界发布跨国教育的相关信息,是发挥各方的监督作用,从而促进其健康有序发展的重要途径。例如澳大利亚大学质量保障署（Australian Universities Quality Agency，AUQA）作为一个独立的、非赢利性的高等教育质量保障机构,每隔五年对澳大利亚各大学进行一次检查评估,目的在于监督、审查和通报澳大利

亚高校的质量保障情况。评估小组通过实地考察和访谈，对高校跨国教育的规模，即提供了哪些课程、什么类型的课程、教职工人数、学生人数；战略意义，即跨国教育项目与作为办学主体的高校的战略目标是否相符，在其战略发展中的价值；风险预估，即跨国教育的机构是否有应对潜在风险的能力，比如合作国的社会文化情况、国际关系、突发状况等；学生保护，即是否能够为学生提供一定水准的课程、师资、基础设施、合作方认证等，并做出评估，评估报告可供公众查阅。澳大利亚大学质量保障署发布的评估报告对于高校改进跨国教育质量具有重要的指导意义，也让学生对于澳大利亚高校的跨国教育项目有了更加充分的了解，避免盲目选择。

目前我国教育部专门设立了中外合作办学监管工作信息平台，通过办学监管信息公示，实施对中外合作办学的动态监管，而作为办学主体的高校是中外合作办学信息的持有方，由高校主动公开中外合作办学信息，能够提升外界对本校中外合作办学项目质量的信任感。教育部《关于进一步加强高等学校中外合作办学质量保障工作的意见》中也要求高等学校主动通过校园网等媒介公示中外合作办学信息公开工作，接受学生和社会的监督。根据教育部中外合作办学监管工作信息平台公布的"中外合作办学机构和项目名单"，我国本科高校中，有 477 所高校有中外合作办学项目或机构，或本身就是中外合办的高校。根据本研究的调查，其中 368 所高校公开了中外合作办学的信息，高校基本上仅公开了本校中外合作办学的机构或是项目名称，以及审批情况，鲜少有高校公开机构或项目的具体情况。

新中国成立以来，特别是改革开放以来，我国教育逐步形成全方位、多层次、宽领域的对外开放格局。近年来，政府通过设置奖学金等多种举措，鼓励并积极推动高校和科研单位发展来华留学教育事业，在获得教育服务贸易收入的同时，增强中国与各国在教育、文化、经济等方面的交流。同时，在经济全球化、教育国际化的背景下，高等院校及科研单位也积极开拓境外办学市场。据《2014 年度来华留学调查报告》统计，2014 年共有来自 203 个国家和地区的约 37.7 万名各类外国留学人员在我国 31 个省区市的 755 所高等学校、科研院所和其他教学机构中学习。就来华留学生规模而言，已占全球留学生份额的 8%，成为世界第三大留学生输入国。面对庞大的来华留学生群体，做好留学生的各项管理工作十分必要。高校对外公开留学生管理的相关规定，让留学生对学校的管理制度知情，有利于留学生更快地适应新环境，这项信息的公开比例约为 69.7%。

（十）其他信息公开

表 6－21　高校其他信息公开情况及政策法规依据

公　开　事　项	公开数量	公开比例	相　关　文　件
58. 巡视组反馈意见，落实反馈意见整改情况	262	21.5	《中共中央关于印发〈中国共产党巡视工作条例（试行）〉的通知》《中共教育部党组关于进一步加强和改进巡视工作的意见》
59. 自然灾害等突发事件的应急处理预案、预警信息和处置情况，涉及学校的重大事件的调查和处理情况	758	62.2	

除了以上 9 类信息以外，《办法》还要求高校公开两项信息：一项是巡视组反馈意见以及落实反馈意见整改情况。为了加强党内监督，落实从严治党的要求，2009 年 7 月，中央颁布实施《中国共产党巡视工作条例（试行）》，以贯彻中央巡视工作方针，深入推进党风廉政建设和反腐败斗争，加强党组织领导班子和干部队伍建设。《条例》要求"被巡视党组织领导班子及其成员要自觉接受巡视监督，积极配合巡视工作，认真抓好整改落实"。我国高校实行党委领导下的校长负责制，高校党组织在高校建设发展中的地位举足轻重，各级教育主管部门的党组织对被巡视高校的领导班子和改革发展情况进行监督

检查,帮助高校查找存在的突出问题,分析问题产生的原因,在此基础上提出意见建议,并督促整改落实。高校将巡视组反馈意见和落实反馈意见整改情况向社会公开,既有利于高校自我总结,也能让社会各界了解高校的改革发展情况。然而实践中,高校公开这一信息的比例很低,仅有 21.5%。

近年来,高校突发事件频出,如果处置不当将会影响高校的稳定和发展,而现代网络技术更加速了高校突发事件的传播速度。与其他突发事件的网络传播相比,由于教育事业一直是网民关注的热点话题,高校突发事件更满足了网民的猎奇心理,尤其是其中的高校学生群体,善于借助微博、微信、BBS 等形式的网络载体分享和评论,使突发事件迅速扩散;另一方面,由于高校突发事件往往暴露了高校管理中的不足,加之网民的心理特征和网络社会特质带来了聚焦与放大效应,负面信息往往被放大、夸张甚至无中生有,甚至从线上发展到线下,扰乱高校的正常秩序,给高校的名誉带来损害。要有效应对突发事件,防止网络舆情泛化,就需要作为事件主体的高校及时地将事件的发生以及处置情况向社会通告,涉及学校的重大事件的调查和处理情况向社会公开,才能正本清源,不造成事件泛化的后果。本研究调查的本科高校中,有 62.2% 的高校公开了"自然灾害等突发事件的应急处理预案、预警信息和处置情况,涉及学校的重大事件的调查和处理情况"。

三、我国高校主动公开信息情况小结

从本研究的调查结果来看,即使以《高等学校信息公开清单》这一"底线要求"来衡量我国高校主动公开信息的情况,结果仍然是不够乐观的。本科高校的总体信息公开比例为 58.3%,其中"985"、"211"高校,尤其是其中的教育部直属高校信息公开比例显著高于其他的本科高校,教育部根据《办法》的要求,研究制定了《清单》,要求其直属的高校"制定落实细化方案,明确清单各事项的公开时间、责

任机构和责任人"，并且对其直属高校进行督查，敦促《清单》的落实。《关于公布〈高等学校信息公开事项清单〉的通知》中要求地方高校和其他部门所属高校也应当"根据各省级教育部门和主管部门（单位）教育司（局）要求做好清单落实工作"。根据本研究的结果，省级教育部门和主管部门（单位）教育司（局）对高校信息公开工作的监督检查力度显然比教育部低。

　　除了总体上高校主动公开的比例低以外，调查结果也表明了高校信息公开存在避重就轻、倾向性公开的情况。这表现在对于规章、制度、政策等以文字表述的"软信息"公开的情况较好，而人数、分数、资金等以数字表达的"刚性信息"公开的情况较差。以财务信息和招生考试信息为例，招生政策、财务规章类信息的公开比例达到70%以上甚至90%，而最低录取分数、录取人数以及校办企业资产、负债信息的公开比例基本在10%～20%之间。

　　此外，高校主动公开的信息多为描述性信息，基本上只呈现表层事实，缺乏对于所公开信息的分析。例如在财务信息方面，多数大学只是在财务会计报表中公开了相关数据，缺少对于高校财务状况的分析，大学的基金会对于捐赠财产的投资收益情况也很少进行披露和解读。而美国高校的基金会按照财务会计标准委员会（Financial Accounting Standards Board，FASB）的规定，实行通用会计原则（Generally Accepted Accounting Principles，GAAP）标准，除了要向税务部门提交相关的财务数据以外，还要在年度报告中对于财务全貌进行公开与分析，并要求高校的基金会每年至少发布一次"管理层讨论与分析"（Management's Discussion and Analysis），这是承袭了美国公司财务信息披露的传统，是对大学基金会资金管理中固有的风险和不确定性的文字性解释，也是对会引起未来变化的因素和流动性的解释，侧重披露管理层已知的趋势和不确定性信息，这些信息在财务报表及附注中并没有揭示足够，而利益相关者及公众需要了解。就捐赠信息而言，我国的高校中，只有少数披露了捐赠财产的信息,而且仅仅是罗列捐赠的相关数据,对于捐赠的使用与管理情况缺少分析与展望,美国的大学基金会通常会在年报中介绍和分析当前经济环境对募捐的影响、讨论捐赠人数的变化、大额捐赠比重的变化、未来发展趋势等,而我国大学基金会鲜少对社会公开这些信息。

尽管我国本科高校的信息公开仍然任重而道远,但是已经取得了一些可喜的进展。一方面,总体上看,高校信息公开的比例已经有了较大的提高。一些高校在达到《办法》要求的基础上,对信息公开网站建设的形式和内容进行拓展和创新。例如设置"新闻栏目"发布学校的实时信息,增强了信息公开的动态性和丰富性。高校信息十分庞杂,为了提高公开的效率,让公众检索信息更加便捷,部分高校开发了信息的在线检索功能。《办法》中要求公布的信息多属行政部门产生的信息,对于党务信息的公开少有规定,一些高校,如华东理工大学、东华大学等在信息公开的基础上,增设了"党务公开"公开的栏目,是对信息公开工作的有益补充。近年来,高校违规使用科研经费的现象突出,向社会公开科研经费的使用情况是解决这一问题的有效途径。2012年,浙江省科技厅下发了《浙江省科研经费使用信息公开办法》,要求高校落实科研经费的信息公开,高校纷纷设置"科研经费信息公开专栏",将科研项目的关键信息对社会公开,是高校信息公开范围的一大突破。

第四节　依申请公开

除了主动公开信息以外,依申请公开是高校信息公开的另一渠道。高校主动公开的信息虽然覆盖面广、信息量大、公民可快捷便利获取,但是难以满足全体公民的需求,而高校依申请公开信息可以让公民根据自身对于信息的个性化需要获取相应的信息。依申请公开是高校信息公开的重要推动力:一方面促使高校扩大主动公开的信息范围，如果高校主动公开的信息过少，公民没有通过主动公开渠道获取所需信息，就会造成公民向高校发出的信息公开申请数量巨大，给高校信息公开带来较大的工作压力，这就促使高校落实主动公开的信息；另一方面，如果公众只能被动接受高校主动提供的信息，那么其获取信息的数量和质量都由高校决定，公民的知情权就难以保障。所以，依申请公开与主动公开相辅相成，是高校走向公开透明不可或缺的一环。为了解我国高校依申请公开工作的实务操作情况，本研究对我国 1 219 所本科高校依申请公开的机制建设、高校对于信息公开申请的处理情况进行调查。

调查内容：① 学校是否建立起依申请公开机制？② 学校为公民提交信息公开申请提供了哪些途径？③ 学校是否对信息公开申请做出答复？答复时长是否在规定的 15 个工作日内？④ 学校是否同意公开所申请的信息？拒绝提供所申请信息的理由是什么？

调查方法：到学校的官网、信息公开网站中查找是否设有"依申请公开"栏目；以实测的方式，向已经建立依申请公开机制的高校发送信息公开申请，考察其依申请公开的实际运行状况。申请的内容为："贵校 2013 年度接受捐赠资产的来源、金额以及支出用途和金额"。调查时间为 2015 年 11 月 1 日至 2015 年 12 月 5 日。

一、高校依申请公开的机制建设

调查发现，我国本科高校依申请公开机制建设不容乐观，这体现在：首先，建立依申请公开机制的高校数量少。高校的信息公开网站是信息公开的主要平台，依申请公开是高校信息公开的重要组成部分，高校应当在信息公开平台上开设"依申请公开"版块，制定本校依申请公开工作的综合规范，对于公民向本校申请公开信息的方式、途径、受理部门、处理程序进行说明，建立起依申请公开机制。通过对我国本科高校的调查发现，建立起了切实有效的依申请公开机制，为公民提供申请公开信息的途径和方法的高校仅有 397 所，即我国

的 1 219 所本科高校中,仅有 32.6% 的
高校建立起了依申请公开机制;未建立
依申请公开机制的高校可分为两类,
① 学校还没有建立信息公开专栏(网
站),或是信息公开专栏(网站)无法打
开。高校的信息公开专栏(网站)是其
信息公开的载体,未建立信息公开网站
(专栏)的高校自然没有建立依申请公
开机制,这类高校数量众多,共有 627
所,占比高达 51.4%。② 学校的信息
公开专栏或网站中没有依申请公开的
栏目,或是依申请公开的栏目下显示为
空白,这类高校共有 195 所,占比为 16%。

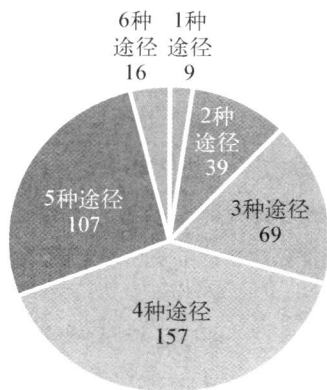

图 6 - 6　高校依申请公开的
　　　　　途径比例

　　其次,已经建立依申请公开机制的高校的建设情况还不够完善。
具体表现为:依申请公开机制名不副实,空有其表。有 43 所高校虽
然设有依申请公开栏目,也说明了本校依申请公开的受理机构、受理
流程,但没有说明公民申请公开信息的方式,造成公民无法向学校申
请公开信息,或是在学校的《信息公开指南》中说明可以通过信函邮
寄、电报、传真、电子邮件等方式提交信息公开申请,但是并没有给出
电子邮箱和邮寄地址,例如天津某职业技术大学、辽宁某中医药大学
表示可以通过邮件提交申请,但是查找不到邮箱地址。有的高校要
求公民填写信息公开申请表,但是申请表链接出现"页面无响应"、
"链接打不开"的情况,无法获取申请表,例如南京某医科大学的"公
开申请"栏目下,对信息公开申请的受理机构、申请途径等都未进行
说明,《信息公开申请表》既不能下载也无法打开。温州某医科类大
学在"依申请公开"栏目下说明详细的申请流程见本校的《信息公
开实施办法》,但查找后发现其中并没有关于依申请公开流程的说
明;福州某大学的信息公开年度报告中说该校的《信息公开指南》

里面公布了申请公开的具体方式，然而查找年度报告后发现并没有相关说明。

其次是依申请公开的便利性较差。① 高校提供的申请途径不够多样，目前信息公开申请的途径主要有现场递交申请、信函邮寄、电报、传真、电子邮件以及网上在线申请等方式。397 所高校中，支持以上所有申请方式的高校仅有 15 所，有 115 所高校仅支持 3 种及以下的申请方式。② 相较于线下申请（现场递交、信函邮寄、电报、传真），线上申请（包括电子邮件和在线申请）具有高效便捷、省时省力等优势，但部分高校，如广东某大学、某电子科技类大学、广东某金融学院、武汉某财经类大学明确说明暂不受理电子邮箱申请，仅接受信函邮寄或者传真提交的申请。相较于邮件申请，在线申请则更加具有便利性，但目前仅有 37 所高校开通了网上在线申请功能，占比为 9.32%。

最后，申请公开渠道不畅通。已建立依申请公开机制的 397 所高校中，有 37 所高校仅给出了受理机构的联系方式，但未提供申请表，导致公民在向高校提出信息公开申请时不知道要提供哪些申请材料和信息，令人无所适从。北京某传媒大学、上海某电力学院提供的申请表是 pdf 版的，如果公民通过电子邮件提交申请表，就不便于填写，实际上公民只能通过信函、传真和当面递交的方式，将表格打印出来填写好再邮寄、传真或现场交给受理机构。淮南师范学院虽然提供了信息公开申请表，但是申请表是网页版，无法下载且非常粗糙，因此公民也难以利用。遵义某医学院开发了在线申请系统，公民可直接在线填写申请表提交，但是填写完点击提交之后页面就自动刷新，未确认是否提交成功。另外，向高校提供的邮箱地址发送信息公开申请后，因收件地址无效导致邮件被退回的情况非常普遍（近百所高校出现这一情况），在反复确认发送地址与高校提供的邮箱地址一致后，说明高校向公民提供了无效地址。

二、高校对信息公开申请的回复

高校对信息公开申请的回复情况,包括回复率、回复的及时性、是否同意公开信息以及拒绝公开的理由是否合理合法,是衡量高校依申请公开机制的实效性的重要指标。本研究中,向建立了依申请公开机制的 397 所高校发送信息公开申请(以线上申请为主,不支持线上申请的采用信函申请)。

由于存在联系方式不明等情况,本研究成功发出的申请共计 354 份,回复了信息公开申请的高校仅有 101 所,占比仅为 28.5%,其中回复同意公开的高校有 96 所。《高等学校信息公开办法》中明确要求高校在 15 个工作日内公开信息,在 15 个工作日内回复的高校有 92 所,北京某农林类大学、天津某医科类大学、山西某理工类大学等 7 所高校未能在 15 个工作日内回复申请,其中贵州某师范类大学回复申请的时间更是长达 49 个工作日。总体来看,我国本科高校对于信息公开申请的回复率很低,少数高校拒绝公开信息,存在信息公开迟滞的现象,并且回复过程中也存在较多问题。

(1)过度收集申请人信息,本研究在申请时都按照《办法》的要求,出示申请人的身份证扫描件,但一些高校还额外要求申请人提供更为详细的个人信息。例如佳木斯某所大学的回复:

"我校已接到您提交的信息公开申请表,为保证公开信息用途的合法性和安全性,请回复您所在学院、年级、专业,及学校学生管理部门的联系方式(能证明您是该校在校生并正在进行相关内容的研讨)。谢谢。"

该大学要求申请人学校的学生管理部门去证明申请人的在校生身份以及正在进行相关内容的研讨,且不论学校管理部门是否会费时费力承担这一工作,即使同意证明,也会耗费学校的办公资源,带来不必要的麻烦。

福建某大学的回复是这样的：

"×××：

你好。

你向我校提出公开 2013 年接受捐赠资产的来源和支出用途的申请已经收到。为了保证信息的安全，需要请你向我校出具所在学校的介绍信后方能提供。介绍信寄送至：×××。

谢谢。"

该校声称出于信息安全的考虑，要求申请人提供所在学校的介绍信，然而申请的内容"贵校 2013 年接受捐赠资产的来源和支出用途"是《办法》中明文规定向社会公开的信息，也就是说，任何自然人都有权知晓该项信息，那公开此项信息又何来不安全之说？并且要求申请人将介绍信邮寄至学校（且地址不具体，也没有收件人姓名），这为公民申请信息增加了障碍，带来了不便。信息自由立法的理念是保护当事人的"知的权利"，英国和美国的高校对于申请人都不作资格限制，只要是自然人即可申请，在申请时也未要求申请人提供身份证明。

（2）要求申请人说明申请理由并提供材料证明。《办法》规定公民、法人和其他社会组织可以出于"自身学习、科研、工作等特殊需要"向高校申请信息，研究者在申请表的申请用途一栏中已经说明申请该项信息是"用于硕士学位论文"，但部分高校要求申请者提供相关证明，例如重庆某高校要求"补充科研（用于研究生学位论文）的证明材料"，福建某高校要求申请人将加盖公章后的纸质版硕士论文开题报告寄送到学校，具体回复如下：

"你好。你的信息公开申请已收到，并交由相关部门办理中。现烦请你提供加盖单位公章的硕士毕业论文开题报告,并以纸质形式寄达我院。(地址:××× ,邮编:×××)”

北京某医药类大学对于材料证明的要求则更为烦琐,其回复称:

"你好。你在来信中提到'所需信息用于硕士研究生论文',根据信息公开有关规定,请补充提供所做研究的项目(课题)名称、编号、级别、批准单位、项目(课题)负责人等相关信息(加盖学校或学院公章)。

待收到上述补充材料后,我们将根据你所提供的信息判断是否进行公开。”

要求申请人提供所做研究的项目(课题)名称、编号、级别、批准单位、项目(课题)负责人等相关信息,并且要加盖学校或学院公章,这些要求已经涉及申请人的学术隐私,并且提供这些材料耗时耗力。美国以1966年《信息自由法》取代原有的《行政程序法》,主要就是由于《行政程序法》中要求申请公开的当事人“必须与特定行政程序有直接的利害关系”这一条款限制了公民获取信息的权利,因此《信息自由法》中取消了要求申请人说明申请理由的条款,不论其是否与所申请的政府信息存在利害关系。

(3) 对依申请公开认识不到位。有的高校对于依申请公开的对象还停留在“校务公开”阶段,认为公开对象仅限于本校师生;有的高校对于可以申请公开的内容认识不到位,认为只有《办法》中列举的11项信息才需要公开,其他的信息则不在公开范围内。表现为:将依申请公开的信息范围等同于主动公开的信息,例如福建某师范类大学的回复(电话回复):

"根据《高等学校信息公开办法》,捐赠资产的支出用途是需要公开的,因此这里详细说明用途,诸如奖学金,校医院医疗器械购买等。

但是说条例中没有规定金额和来源必须公开，所以不予公开。"

该校认为捐赠资产的支出用途是需要公开的，所以比较详细说明了用途，但是对于《办法》中没有明文规定的金额和来源保密。事实上，《办法》中明确说明所列举的信息为高校应当主动公开的信息，除了这些信息以外，公民有权申请公开其他信息，也就是说，依申请公开适用于所有的高校信息（除规定的 9 类可以不予公开的信息之外），不论是在主动公开范围内还是范围外的信息，公民都有权申请公开，高校也有义务回复。部分高校将主动公开和依申请公开的范围割裂、对立，认为属于主动公开的信息就不可以再申请公开，一些高校以属于主动公开信息、不属于公民依申请公开的范畴为由拒绝公开。还有些高校对自身所负有的信息公开义务认识不到位，例如厦门某学院拒绝公开，回复如下：

"尊敬的×××，您好！

很抱歉，我们并无意参与您的学位论文研究。不过可以大概说明一下，2013 年十周年校庆期间，我们所接受的捐赠，凡指定用途的都按指定的途径处理，其他的都归入专门的基金管理。

祝您的研究一切顺利。

办公室秘书　×××"

拒绝公开的理由是"无意参与学位论文研究"。须知高校将其办学活动中产生的各项信息（除法律规定可以不予公开的信息以外）对社会公开是其作为公共组织应尽的义务，而非由高校自主决定的选择，这一回复若非有意的推脱敷衍，就显示了高校对于其基本的信息公开责任还未有清晰的认识。

（4）对申请的处理不规范：高校在处理信息公开申请时随意性较大，没有一定的规章程序。首先表现为不出具正式文书，山东某大学等高校通过电话口头回复了该校 2013 年度接受捐赠资产的来源、金额以及支出用途和金额,口头回复的方式不便于申请者记录、保存,对于回复的真实性也难以查证;南通大学通过短信回复;一些高校要求补充材料也仅是通过电话告知,不提供正式的书面要求;其次,有些高校在规定回复期限将至时才告知需要补充证明材料,有刻意延长回复时限之嫌。个别高校还存在推脱敷衍的现象,韶关某学院要求申请人现场办理信息公开申请,但递交的申请表中已经写明本人住址为上海市,要前往远在广东省的学院所在地办理显然不现实,《办法》中明确规定公民可以通过书面形式申请获取信息而不必现场办理,韶关某学院的这一做法既不合法也不合理。

三、依申请公开中存在问题的成因

高校依申请公开的实践中存在的诸多问题,究其原因,在于:

首先,高校对于依申请公开的一些原则性、理念性问题的认识较为模糊,对于主动公开与依申请公开的关系、校务公开与依申请公开的区别与联系、高校作为信息公开主体所负有的回复依申请公开的义务等问题,高校的认识还不够清楚到位,导致高校在处理信息公开申请时产生了原则性错误。因此,应尽快厘清高校依申请公开中的关键性、理念性问题。虽然主动公开的受众广、方便及时,但依申请公开仍是信息公开必不可少的部分,依申请公开制度使得高校随时要接受和回应社会的合理的信息公开要求,把主动权从高校手中交到了公民、法人和其他组织的手中,能够有效防止高校选择性公开对自己有利的信息。依申请公开和主动公开并不是从信息内容上加以区分,而是两种不同的公开方式,只要是《办法》中未列举的不予公开的信息,公民皆有要求高校公开的权利,高校无权拒绝。在我国,高校信息公开发端于校务公开的实践中,二者的内涵有相近之处,但它们也存在着明显的区别,校务公开旨在推进高校决策的民主化、科学化,调动教职工的积极性,让广大教职人员参与到学校的重大决策中来，校务公开的主要对象是教职工，而高校信息公开的权利主体更加广泛，全体社会公民、法人和其他社会组织都是公开的权利主体，高校如果把信息公开的对象局限为校内师生，则违背了保障公民的知情权、实现高校对外的公开透明的基本理念。

其次，《办法》中对于高校依申请公开的制度规定不尽合理。实践中，审查申请用途已经成为高校处理依申请公开的第一道关口，这是源于《办法》第 9 条所引发的主体资格限制问题，其中规定公民、法人和其他组织可以"根据自身学习、科研、工作等特殊需要"申请获取信息，也就是说，公民只有因自身学习、科研和工作需要，才能申请公开，这在实践中使得高校将其作为限制公民获取信息的理由，对于公开可能对高校产生负面影响的信息，高校可以以与学习、科研、工作无关为由拒绝公开，也可以据此要求公民提供相关证明，但这些证明可能需要通过繁复的程序才能获得或者根本无法提供，因为个人的需求只有本人才会了解，外界通常无法对另一个人的特殊需要进行界定，容易引发高校在处理信息公开申请时的擅断。这一限制不仅引发了是否应当由申请人举证其特殊需要，高校又如何具体认定的问题，也违背了高校信息公开的本意。目前，世界各国普遍强调要加强公民信息公开申请的便利性，简化手续、及时受理、不要求申请人说明理由，通查世界各国的信息公开立法，绝大多数国家都不对申请公开政府信息的主体条件设置资格限制，只要是自然人即可申请，而无须出于自身利害关系才能申请公开。另一方面，《国家中长期教育改革和发展纲要（2010～2020 年）》提出要"完善教育信息公开制度，保障公众对教育的知情权、参与权和监督权"。公立高校接受国家财政资助，财政性教育收入是其办学的重要资金来源，公立高校与政府机构一样有向纳税人公开信息的义务，因此高校信息具有公共性，高校的信息也应当为公民、法人和其他组织所利用，而否认"主体无限性"规则，就是否认了公民、法人和其他组织为了监督高校而申请公开的权利。

另外,信息公开的标准不够明确。如果高校信息公开政策中对于公开标准的规定过于宽泛,就会导致高校在实际公开中随意性大,公开的内容和形式各异,公开不够规范,给高校"虚假公开"、"表面公开"留下了余地,要改善这一情况,就要增强现有政策中对于高校信息公开内容、方式、程序的规定的明确性和可操作性。

第七章　总结与展望

第一节　研究总结

经过以上的调查研究和分析，可以发现，自 2010 年《高等学校信息公开办法》颁布后的五年间，我国高校在信息公开机制建设、信息公开渠道开拓、信息透明度方面都取得了一些成果，我国高校信息公开比国外起步晚，但是发展速度是比较可观的。

然而，与英美相比，我国高校信息公开还有很大的提升空间。首先是政策体系不够完善，顶层设计和配套政策缺失，对于信息公开的具体内容、深度广度和公开的时间节点的规定比较模糊，导致高校在实践中公开的随意性大，缺乏统一的标准。其次，实践中，尽管我国高校的信息公开网站建设比英美高校好，信息分类清楚且排列整齐，但信息公开的渠道比较少，信息的时效性较差，实际公开的内容也不如英美高校广泛、深入，在对信息公开申请的处理、回复方面也不够规范、透明。

在政策合规性方面，我国高校信息公开的实践远未达到《高等学校信息公开办法》的要求。首先，高校公开信息的总体比例比较低，且高校之间的差异化明显，无论是在信息公开的渠道建设（信息公开网站）还是实际的信息透明度上，"985"、"211"高校、教育部直属高校都要远远优于其他本科学校。其次，不同类别的信息透明度差异较大,财务、资产信息的保密性仍然是高校信息公开中的顽疾,而学风建设、学科学位、人事师资等传统上大众关注度不高的信息的透明度也比较低,招生考试信息和学生管理服务信息相对透明度较高。再次,我国高校在信息公开实践中呈现倾向性公开的特点,对于"刚性信息"公开度低,对于"软信息"公开度高。此外,信息公开的时效性差,发布信息没有统一的时间表,对信息公开申请回复不及时,存在推脱敷衍的现象。最后,高校信息公开的政策依赖性明显,主动公开的意愿不足,向上级交代任务的倾向大于向公共诚意公开,反映出高校对于信息公开对高校发展、高等教育乃至社会进步的重要意义以及高校自身所担负的信息公开义务认识不足。

第二节 政 策 建 议

在分析总结的基础上,笔者就我国高校信息公开的进一步发展建言献策,希望能为我国高校信息透明化的征途扬帆助力。

在思想意识层面,要让高校充分认识到其作为公共职能组织所负有的信息公开义务,信息公开对于高校自身发展的重大意义。高校信息公开可以促进现代大学治理,提高高校的管理水平。信息不透明造成的信息不对称问题,引起了高校管理中的混乱和成本增加。信息的公开透明能够使高校有危机意识,时时处于公众的监督之下,从而规范自身行为,提高质量;有利于树立高校的良好形象,实现高校的社会价值。将高校的各项事务公开化,在对高校形成挑战的同时,也是其向外界证明自身价值的良机,以获得公众的认可和支持,这对于高校向外部筹资、吸引捐赠有着重要意义。高校内部的信息垄断使"寻租"更加便利,前文的观测中也发现,在高校捐赠、资产等容易滋生腐败的领域,信息公开的程度普遍也较低,信息公开对于预防高校腐败具有重要意义。可以想见,高校如能不再把信息公开当成可有可无的工作甚至是负担，真正从主观意愿上积极推进信息公开工作，高校的透明度将会有长足的进步。

需要加强宣传以提高社会公众的信息公开权利意识。随着高等教育规模的扩张，高校已经走出象牙塔，与社会的联系日益密切。高校筹资渠道逐渐多元化，学生及其家庭开始分担高等教育的成本，公众对高校的知情意识是高校信息公开中，除了上级监管部门以外的另一个压力源。高校的信息透明是公众的诉求，公众对于公共职能部门有"知"的权利，即公众知情权。公共部门是公民行使职能的代理人，公民有权了解代理人的相关信息。知情权是公民必须享有、国家必须保障的权利，是常态而不是一种例外。一项针对高校信息公开公众意识需求的调查显示，我国公众对于高校信息公开了解不多，信息公开权利意识不强。高校信息公开网站的建设涉及技术、人员、资金等多个方面，需要花费一定的人力物力，并且信息的公开让高校的过失无所遁形。如果缺乏社会力量的监督，高校缺少信息公开的外部压力，就可能导致高校信息公开网站建设落实不到位。因此，提高公众的信息公开权利意识，能够促使高校切实贯彻《办法》的要求，从而推动高校透明化进程。

在立法层面，建议立法部门完善高校信息公开的顶层设计和具体指导，高校信息公开的主管部门进一步完善信息公开的标准，建议制定统一的信息公开模板；借鉴国外经验并结合我国实际，扩大《办法》中高校信息公开的范围，明确信息公开的时间节点；建立健全高校信息公开网站建设的评估机制，可以委托第三方机构制定评估指标体系。

在实践层面，可以建立一个集成的高校信息公开平台，将所有高校的信息分门别类集中于网站上。一方面有利于公众有效查找获取和使用高校信息资源，另一方面还可以方便高校信息公开的评估工作。建议教育主管部门、地方教育行政部门将信息透明度纳入高校信息公开工作考核的重要内容，对高校信息公开情况进行评估检查，从中发现问题和不足，并提出整改意见，限时整顿，达到以评促建的目的。对其中普遍存在的共性问题进行专门调研，提出有针对性可行性的解决办法，对于部分高校在信息公开实践中的先进经验进行推广，制定相应的激励及处罚措施，并进一步对高校开展指导、协调和监督工作。

第三节　研究局限性与展望

尽管本研究已经取得了上述的研究成果并提出了相应的政策建议，但是仍然存在着一定的局限性，主要体现在两个方面：

第一，由于本研究主要是采用内容分析、调查研究的方法，基本都是从学校官方网站获得的文本和统计得出的数据资料，因此只能根据较为浅表的文字、数据资料对现状进行描述和分析，无法深入探索高校信息公开的深层次行为机理，高校信息公开作为一项公共政策，在落实的过程中涉及各个层面的人员，尤其是政策制定者和执行者的意识、态度，而这对于高校信息公开能否有效实施具有重要作用，也是深入分析高校信息公开存在的不足的重要资料。未来的研究者可以采用质性研究方法中的结构化或半结构化访谈的方式，对高校信息公开的各方利益相关者进行访谈，深入挖掘其背后的态度、意识。

第二，由于时间、精力等的限制，对于国外高校实践情况的研究只能选取信息公开较好的高校进行个案研究，无法像国内部分的研究那样纵览全貌，如果对英国或美国的全部本科院校进行统计分析，不排除像国内高校一样，也呈现不同办学层次高校信息透明度差异明显的问题。未来的研究者可以对英国或美国的多所高校（最好是不同类型、不同办学层次的高校）信息公开进行调查研究，相信会得出有价值的研究结果。

参 考 文 献

［1］ BLANTON T. The openness revolution: the rise of a global movement for freedom of information[J]. Development Dialogue, 2002, 1(2002): 7－21.

［2］ 石国亮.国外政府信息公开探索与借鉴[M].北京：中国言实出版社, 2011.

［3］ 莫于川.政府信息公开法制的若干现实问题——以《公开条例》的认知和实施为研讨样本[J].中国法律,2010,1.

［4］ RELLY J E. Freedom of Information Laws and Global Diffusion: Testing Rogers's Model [J]. Journalism ＆ Mass Communication Quarterly, 2012, 89(3): 431－457.

［5］ ACKERMAN J M, SANDOVAL － BALLESTEROS I E. The global explosion of freedom of information laws [J]. Administrative Law Review, 2006: 85－130.

［6］ 朱友刚.服务型政府视角下的政府信息公开研究[D].山东大学,2012.

［7］ 杜长春.上市公司信息披露管理研究[D].哈尔滨工业大学,2009.

［8］ MASON M. Information disclosure and environmental rights: The Aarhus Convention[J]. Global Environmental Politics, 2010, 10(3): 10－31.

［9］ TROW M. Problems in the Transition from Elite to Mass Higher Education[J]. 1973.

［10］ 教育部.国家中长期教育改革和发展规划纲要(2010～2020 年)[J],2010.

［11］ 国务院.中华人民共和国政府信息公开条例[J],2010.

［12］ 中国青年报.98.1％的人认为高校应尽快实施信息公开[J].

［13］ ALTBACH P. The question of corruption in academe[J]. International

Higher Education，2004，34：7-8.

[14] 教育部.高等学校信息公开办法[J]，2010.

[15] 尹晓敏.高校信息公开：从学术，立法到机制的逻辑[J].现代教育科学：高教研究,2010(4)：23-27.

[16] 尹晓敏.走向开放的象牙塔:"公共性"视野下高等学校信息公开研究[M].北京：中国社会科学出版社,2014.

[17] NG I C，FORBES J. Education as service：The understanding of university experience through the service logic[J]. Journal of Marketing for Higher Education，2009，19(1)：38-64.

[18] 教育部.中华人民共和国高等教育法[J]，1998.

[19] 周汉华.起草《政府信息公开条例》(专家建议稿)的基本考虑[J].法学研究,2002,6(96)：93.

[20] 马怀德.公立高校信息公开研究[M].中国法制出版社,2012.

[21] 教育部.关于全面推进校务公开工作的意见[Z]；教监[2002]1号[D].2002.

[22] DARCH COLIN P U. Freedom of Information in the Developing World：Demand，Compliance and Democratic Behaviours[M]. Oxford：Chandos，2010.

[23] BOVENS M. Information Rights：Citizenship in the Information Society[J]. Journal of Political Philosophy，2002，10(3)：317-341.

[24] MENDEL T. Freedom of information as an internationally protected human right[J]. London：Article，2000，19.

[25] 朱春霞.论信息公开[D].中国优秀博硕士学位论文全文数据库(博士)，2005.

[26] BIRKINSHAW P. Freedom of information and openness：Fundamental human rights? [J]. Administrative Law Review，2006：177-218.

[27] 王勇.政府信息公开论[D].中国政法大学,2005.

[28] BANISAR D. Freedom of information around the world 2006：A global survey of access to government information laws[J]. Privacy International，2006.

[29] 王万华.知情权与政府信息公开制度研究[M].北京：中国政法大学出版社,2013.

[30] 魏永征,张鸿霞.大众传播法学[M].北京：法律出版社,2007.

[31] TURLE M. Freedom of information and the public interest test[J].

Computer Law & Security Review, 2007, 23(2): 167 - 176.

[32] PATASHNIK E M. Reforms at Risk: What Happens After Major Policy Changes Are Enacted: What Happens After Major Policy Changes Are Enacted[M]. Princeton University Press, 2014.

[33] U. S. DEPARTMENT OF JUSTICE O O I A P. Summary of Annual FOIA Reports for Fiscal Year 200 Office of the Information Commissioner of Canada[EB/OL][2015 - 10 - 21] www.infocom.gc.ca/reports/2005 - 2006 - e.asp.

[34] CANADA G O. Access to Information Act[EB/OL][2015 - 10 - 05] http://laws.justice.gc.ca/en/a - 1/.

[35] FORCE A T I R T. Access to Information: Making It Work for Canadians[C]//Supply and Services Canada. Ottawa, 2002.

[36] (AUSTRALIA). D O T P M A C.. Freedom of Information (FOI) Reform: Companion Guide[C]//. Canberra, 2009.

[37] SNELL R. Freedom of Information: The Experience of the Australian States-An Epiphany[J]. Fed. L. Rev., 2001, 29: 343.

[38] DARCH C, UNDERWOOD P G. Freedom of Information and the Developing World: The citizen, the state and models of openness[M]. Elsevier, 2009.

[39] PIOTROWSKI S J, ROSENBLOOM D H. Nonmission-based values in results-oriented public management: The case of freedom of information [J]. Public Administration Review, 2002: 643 - 657.

[40] ROBERTS A S. Less government, more secrecy: Reinvention and the weakening of freedom of information law [J]. Public Administration Review, 2000, 60(4): 308 - 320.

[41] RELLY J E, SABHARWAL M. Perceptions of transparency of government policymaking: A cross-national study [J]. Government Information Quarterly, 2009, 26(1): 148 - 157.

[42] JAMES S. The potential benefits of freedom of information[J]. Open government in a theoretical and practical context, 2006: 17 - 33.

[43] GSRU R G, TREASURY H. Magenta Book: Guidance notes for Policy Evaluation and Analysis[J]. 2005.

[44] MENDEL T, UNESCO N D. Freedom of information: a comparative legal survey[M]. Unesco Paris, 2008.

[45] WORTHY B. More open but not more trusted? The effect of the Freedom of Information Act 2000 on the United Kingdom central government[J]. Governance, 2010, 23(4): 561 - 582.

[46] PATERSON M. Freedom of information and privacy in Australia: Government and information access in the modern state[M]. LexisNexis Butterworths Australia, 2005.

[47] CAIN B E, EGAN P, FABBRINI S, CAIN B, DALTON R, SCARROW S. Towards more open democracies: the expansion of freedom of information laws[J]. Democracy Transformed?: Expanding political opportunities in advanced industrial democracies, 2006.

[48] ISLAM R. Does more transparency go along with better governance? [J]. Economics & Politics, 2006, 18(2): 121 - 167.

[49] TAVARES S. Do freedom of information laws decrease corruption? [J]. 2007.

[50] DE LANCER JULNES P, HOLZER M. Promoting the utilization of performance measures in public organizations: An empirical study of factors affecting adoption and implementation[J]. Public Administration Review, 2001: 693 - 708.

[51] ESCALERAS M, LIN S, REGISTER C. Freedom of information acts and public sector corruption [J]. Public Choice, 2010, 145(3 - 4): 435 - 460.

[52] TAEWOO N. Freedom of information legislation and its impact on press freedom: A cross-national study[J]. Government Information Quarterly, 2012, 29(4): 521 - 531.

[53] TROMP S. Fallen Behind: Canada's Access to Information Act in the World Context'[J]. Canadian FOI Resource, 2008.

[54] SIRAJ M. Exclusion of Private Sector from Freedom of Information Laws: Implications from a Human Rights Perspective[J]. Journal of Alternative Perspectives in the Social Sciences, 2010, 2(1): 211 - 226.

[55] ROBERTS A. Administrative discretion and the Access to Information Act: an "internal law" on open government? [J]. Canadian Public Administration, 2002, 45(2): 175 - 194.

[56] UHL K E. Freedom of Information Act Post - 9/11: Balancing the Public's Right to Know, Critical Infrastructure Protection, and

Homeland Security[J]. Am. UL Rev.，2003，53：261.

[57] KIRTLEY J E. Transparency and accountability in a time of terror：The Bush administration's assault on freedom of information ［J］. Communication Law and Policy，2006，11(4)：479 - 509.

[58] 尹晓敏.让高校办学沐浴在"阳光"下——教育部新颁《高等学校信息公开办法》的立法评析[J].高教探索,2011(2)：41 - 45.

[59] 马海群.高校信息公开政策研究[M].北京：知识产权出版社,2014.

[60] 马怀德,林华.论高校信息公开的基本原则[J].甘肃社会科学,2014(3)：94 - 97.

[61] MCLENDON M K，HEARN J C. Mandated Openness in Public Higher Education：A Field Study of State Sunshine Laws and Institutional Governance[J]. The Journal of Higher Education，2006，77(4)：645 - 683.

[62] 张继明.高等学校信息公开的必然性探析[J].高等理科教育,2012(1)：31 - 35.

[63] 张继明.信息公开与高等教育发展[J].东北大学学报：社会科学版,2008,10(2)：161 - 165.

[64] 徐敏.高校信息公开与现状大学制度建设[J].江苏高教,2011(1)：43 - 45.

[65] 张继明,吴智鹏.高等教育信息不对称对策研究——高校信息公开的视角[J].教育学术月刊,2010(11)：66 - 69.

[66] 杨沁鑫.高校信息公开范围研究[D].中国政法大学,2011.

[67] 方燕飞.高校信息公开法律问题研究[D].华东师范大学,2013.

[68] 曾兵.高校信息公开制度建设研究[D].厦门大学,2006.

[69] 王彤.高等学校信息公开制度研究[D].中国政法大学,2010.

[70] 李博,马海群.我国高校信息公开的特点、原则、主要问题及相关制度建设[J].现代情报,2011,31(3)：7 - 11.

[71] 周丽霞,杨志和.基于民众公平诉求的高校信息公开制度核心框架构建[J].情报资料工作,2012,3：004.

[72] 余斌.论高等学校信息公开制度[J].辽宁教育研究,2008(6)：39 - 41.

[73] 马海群,吕红.我国高校信息公开网站建设现状调查与优化对策[J].图书情报工作,2012(05)：128 - 133.

[74] 贺延辉.我国高校信息公开制度建设——基于高校网站的调查与分析[J].现代情报,2012,32(4)：25 - 30.

[75] 饶彬."985工程"高校网站信息公开研究[D].华中科技大学,2013.

［76］ 周丽霞，刘转平.我国高校信息公开网站建设状况调查报告［J］.情报科学，2013(03)：113-116.

［77］ 中国社会科学院法学研究所法治指数创新工程项目.中国高等教育透明度指数报告(2014)［M］.北京：中国社会科学出版社，2015.

［78］ 陈盈，李磊.高校财务信息公开的现状探讨——基于高校预决算报表信息公开数据视角［J］.教育财会研究，2014，25(3)：45-49.

［79］ 杜俊萍，田洁.高校财务信息公开中的问题及对策——山西省高校财务信息公开情况调研［J］.财会月刊，2014，17：004.

［80］ 朱佳颖.大学信息公开——基于大学网站的调查研究［J］.未来与发展，2013(4)：89-93.

［81］ BRAMAN S, CLEVELAND H. The Costs and Benefits of Openness: Sunshine Laws and Higher Education［J］. 1984.

［82］ GALLEGO-ALVAREZ I, RODR GUEZ-DOM NGUEZ L, GARC A-S NCHEZ I-M. Information disclosed online by Spanish universities: content and explanatory factors［J］. Online Information Review，2011，35(3)：360-385.

［83］ GALLEGO I, GARCIA I-M, RODRIGUEZ L. Universities' Websites: Disclosure Practices and the Revelation of Financial Information［J］. The International Journal of Digital Accounting Research，2009，9.

［84］ READER B. University's FOI project yields scary results［J］. The Quill，2006，94(4)：39-39.

［85］ WOODBURY M C. A decade of decisions: an evaluation of the implementation of the Illinois Freedom of Information Act by public universities［D］. University of Illinois at Urbana-Champaign，1995.

［86］ JUBB M. Freedom of Information in the UK and its Implications for Research in the Higher Education Sector［J］. International Journal of Digital Curation，2012，7(1)：57-71.

［87］ 林杨.高校信息公开内容与效果评价研究［D］.黑龙江大学，2013.

［88］ 周超，马海群.基于模糊综合评价法的高校信息公开绩效评价研究［J］.图书馆理论与实践，2014(02)：6-10.

［89］ 左晨.我国高校网站信息公开效果评价研究［D］.黑龙江大学，2013.

［90］ 唐云天.高校信息公开评价指标体系构建与实证研究［D］.黑龙江大学，2014.

［91］ PINTO M, GUERRERO D, FERN NDEZ-RAMOS A, DOUCET A-

V. Information provided by Spanish university websites on their assessment and quality processes[J]. Scientometrics，2009，81(1)：265-289.

[92]　李博.基于用户满意度的高校网站信息公开绩效评价研究[D].黑龙江大学,2013.

[93]　李博,马海群.基于 SEM 的高校网站信息公开用户满意度测评模型校验[J].图书馆理论与实践,2014(01)：5-8.

[94]　吕红,马海群.我国高校信息公开公众响应情况及意识需求调查分析报告[J].现代情报,2011(03)：12-17+22.

[95]　刘磊,魏丹,王浩.大学生对高校信息公开的反应——基于南京市的调查分析[J].大学图书馆学报,2010(01)：105-110.

[96]　李珂.高等学校信息公开的研究[D].安徽大学,2011.

[97]　张金丽.高校信息公开及其法律规范[D].苏州大学,2014.

[98]　马海群.国外大学信息公开制度建设及对我国的启示[J].中国高教研究,2009(9)：50-52.

[99]　施晓光,李俊.美国,英国,日本高等学校信息公开研究[J].国家教育行政学院学报,2014,7：018.

[100]　刘敏榕.英国大学 Publication Scheme 对我国高校信息公开的启示[J].福州大学学报：哲学社会科学版,2011(1)：108-111.

[101]　陆斐.芬兰大学信息公开研究[J].中国教育法制评论,2012：018.

[102]　YAMAZAKI S. Information disclosure based on standardized format for public higher education in America [J]. Journal of Information Processing and Management，2011，54：335-344.

[103]　李世颖.国内高校信息公开研究综述[J].图书馆学刊,2015(08)：126-131.

[104]　教育部.2014 年全国教育事业发展统计公报[1][EB/OL][2015-09-02] http://www. moe. gov. cn/jyb _ xwfb/gzdt _ gzdt/s5987/201507/t20150730_196698.html.

[105]　TROW M. Reflections on the transition from elite to mass to universal access：Forms and phases of higher education in modern societies since WWII [M]//International handbook of higher education. Springer，2007：243-280.

[106]　HALLAK J, POISSON M. Corrupt schools, corrupt universities：What can be done? [M]. International Institute for Education Planning，2007.

[107] ROSSI P H，LIPSEY M W，FREEMAN H E. Evaluation：A systematic approach[M]. Sage publications，2003.

[108] ROSENBLOOM D H，GOLDMAN D D，WAYNE S. Public administration：Understanding management，politics，and law in the public sector[M]. McGraw-Hill New York，1993.

[109] 陈振明.公共政策分析[M].中国人民大学出版社，2003.

[110] CRESWELL J W. Educational research：Planning，conducting，and evaluating quantitative[M]. Prentice Hall，2002.

[111] 邱均平，邹菲.关于内容分析法的研究[J].中国图书馆学报，2004，30(2)：12 - 17.

[112] HSIEH H - F，SHANNON S E. Three approaches to qualitative content analysis[J]. Qualitative health research，2005，15(9)：1277 - 1288.

[113] 教育部.普通高等学校的校均规模[EB/OL][2015 - 09 - 03] http://www. moe. gov. cn/s78/A03/moe _ 560/jytjsj _ 2014/2014 _ qg/201509/t20150901_204566.html.

[114] 陈静，赵俊峰.英国高校教学质量信息发布制度述评[J].外国教育研究，2014，41(2)：96 - 102.

[115] LEVINSON - WALDMAN R. Academic Freedom and the Public's Right to Know：How to Counter the Chilling Effect of FOIA Requests on Scholarship[J]，2011.

[116] 喻恺.模糊的英国大学性质：公立还是私立[J].教育发展研究，2008(13)：88 - 95.

[117] 贺诗礼，孙璨，俞祺.美国大学的信息公开要求及问题[J].中共浙江省委党校学报，2014，5：018.

[118] DEPARTMENT FOR BUSINESS I A S. Higher Education：Students at the Heart of the System[R]. London：Department for Business，Innovation and Skills，2011.

[119] OFFICE I C S. Model Publication Scheme[EB/OL][2016 - 03 - 02] https://ico. org. uk/media/for-organisations/documents/1153/model-publication-scheme.pdf.

[120] CAMBRIDGE U O. Reports and Financial Statements for the year ended 31 July 2014[EB/OL][2016 - 02 - 20] http://www.cam.ac.uk/annual-report? ucam-ref=home-quicklinks.

[121] UNISTAS. The Key Information Set[EB/OL][2016 - 03 - 15] http://

www.unistats.com/find-out-more/key-information-set/.

[122] CAMBRIDGE I C O O U O. Exemptions[EB/OL][2016 - 02 - 28] http：//www. information-compliance. admin. cam. ac. uk/foi/full-staff-guide.

[123] CAMBRIDGE U O.［2016 - 03 - 12］http：//www. information-compliance. admin. cam. ac. uk/foi/request.

[124] CAMBRIDGE U O. FOI quick guide for staff[EB/OL][2016 - 03 - 15] http：//www. information-compliance. admin. cam. ac. uk/foi/quick-staff-guide.

[125] BUREAU I L R. The Illinois Freedom of Information Act[EB/OL] ［2016 - 03 - 30］http：//www. ilga. gov/legislation/ilcs/ilcs3. asp? ActID= 85&ChapterID=2.

[126] ILLINOIS U O. Available Records[EB/OL][2016 - 03 - 20] https：// www. uillinois. edu/cms/One. aspx?portalId=1324&pageId=171041.

[127] INFORMATION D O M. Dashboards[EB/OL][2016 - 03 - 22] http：// www.dmi. illinois. edu/dashboards. htm.

[128] ILLINOIS U O. General Records[EB/OL][2016 - 03 - 22] https：// www. uillinois. edu/cms/One. aspx?portalId=1324&pageId=171060.

[129] ILLINOIS U O. FOIA log[EB/OL][2016 - 03 - 23] https：//www. uillinois. edu/cms/One. aspx?portalId=1324&pageId=171084.

[130] UNIVERSITY O O I R H. Harvard University Fact Book[EB/OL] ［2016 - 03 - 30］http：//oir. harvard. edu/fact-book.

[131] UNIVERSITY H. financial report fiscal year 2014[EB/OL][2016 - 03 - 29] http：//finance. harvard. edu/files/fad/files/har_fy14_financialreport. pdf?m=1415379535.

[132] 北京大学.北京大学信息公开清单[EB/OL][2016 - 03 - 30] http：// xxgk.pku.edu.cn/.

[133] 安徽省教育厅.安徽省教育厅关于加快推进高校网站信息公开专栏建设的通知[EB/OL][2016 - 04 - 01] http：//www. ahedu. gov. cn/164/view/ 16703. shtml.

[134] 刘春艳,周超.高校信息公开年度报告制度建设的发展现状及应对举措——基于政府信息公开年报制度的研究[J].情报资料工作,2012, 3：007.

[135] 贾君枝,武晓宇,闫晓美.山西省政府网站信息公开状况分析[J].图书情

报工作,2012,56(07):125-130.

[136] 史秋衡,李玲玲.大学章程的使命在于提高内生发展质量[J].教育研究,
       2014(07):22-27.

[137] 别敦荣.我国大学章程应当或能够解决问题的理性透视[J].中国高教研
       究,2014(03):1-7.

[138] 毕宪顺,赵凤娟.高等学校的民主监督与权力制约——以教职工代表大
       会制度为基本形式[J].教育研究,2009(01):86-91.

[139] 毕宪顺,赵凤娟,甘金球.教授委员会:学术权力主导的高校内部管理体
       制[J].教育研究,2011(09):45-50.

[140] 谢立本,李华军.我国高校财务信息披露问题及对策——基于高校治理
       的视角[J].财会月刊,2015(08):42-44.

[141] 刘静,孟新,李吉海.高校党员领导干部兼职管理的困境与对策[J].高等
       建筑教育,2014(02):152-156.

[142] 教育部.2014年全国教育事业发展统计公报[EB/OL][2016-7.25]
       http://www.moe.edu.cn/srcsite/A03/s180/moe_633/201508/t20150811_
       199589.html.

[143] 施节敏.高校人事管理问题探析及相应建议——基于人事争议的问卷调
       查结果[J].北京印刷学院学报,2014(03):64-67.

[144] 贾韬.论高校艺术教育的性质与功能[J].江苏高教,2015(02):97-98.